L'ATELIER DE FRANÇAIS

고려대학교 교양불어 편찬위원회
김선경(책임집필) · 송태효 · 김준한

Presses Universitaires Koryo

1판 발행 2006년 3월 6일
1판 10쇄 2023년 8월 25일

고려대학교 교양불어 편찬위원회 편

고려대학교출판문화원
https://kupress.com
kupress@korea.ac.kr

02841 서울특별시 성북구 안암로 145
Tel. 02-3290-4230, 4232
Fax 02-923-6311

값 20,000원

※ 음원은 뒤표지의 QR코드를 통해 다운로드 할 수 있습니다.

ISBN 978-89-7641-574-5 13760

찍은곳 (주)동화인쇄

책머리에

외국어는 다른 문화 속의 닮음을 보게 하는 열린 눈입니다. 이 눈으로 우리 문화의 보편성과 특수성을 동시에 인식할 때 비로소 진정한 세계시민으로 거듭날 수 있습니다. 특히 유럽연합의 영향력이 날로 증대해 가는 이 시대에 넓고 깊은 안목으로 유럽의 문화와 언어를 공부하는 일은 곧 자신의 세계를 계발하면서 다양한 문화가 함께하는 공존과 관용의 사회를 이루어 가는 길이기도 합니다.

유럽에서도 프랑스만큼 우리와 밀접한 관계를 맺어 온 나라는 드물다고 하겠습니다. 세계에 명성을 떨친 한국 예술가들의 주요 활동 무대로, 우리 기업의 뛰어난 능력을 인정한 주요 교역 대상국으로 인식되어 온 프랑스는 이제 멀지만 가까운 이웃으로 우리 사회 여러 분야에 일정한 영향력을 행사하는 국가의 반열에 들었습니다. 프랑스 문화가 한국 대학생 개개인의 일상과 미래와도 결코 무관하지 않은 시대가 도래한 것입니다.

프랑스 문화의 이해는 프랑스어를 배우는 것으로부터 시작합니다. 언어야말로 그 문화의 가장 중요한 토대가 되기 때문입니다. 더구나 프랑스어는 6대륙 21개국 이상의 나라들에서 1억이 넘는 인구가 사용하고 있어 진정한 세계화에도 유익한 언어라 할 수 있습니다. 이러한 프랑스어를 대학생들이 효율적으로 배울 수 있도록 《L'ATELIER DE FRANÇAIS》가 선보이게 되었습니다.

《L'ATELIER DE FRANÇAIS》는 총 15과로 구성되어 있으며, 한 학기에 7~8과 정도의 수업을 통해 전체를 학습한 학생들이라면 프랑스인과 일상적인 대화를 나눌 수 있도록 하였습니다. 이러한 목표 아래 프랑스어 말하기와 듣기부터 익힐 수 있도록 문법보다는 다채로운 일상 표현들을 담는 데 주력하였으며, 연습 문제를 풀면서 문법과 더불어 쓰기를 익힐 수 있도록 하였습니다.

각 과는 회화 텍스트, 문법 예문 및 연습 문제, 어휘, 문화 등의 순서로 전개되며, 과마다 소개하는 표현과 어휘가 해당 문법 내용의 틀을 벗어나지 않도록 하였습니다. 다만 문화를 소개하는 텍스트는 문법 항목과 상관없이 수업 진행 상황과 방식에 맞추어 진행될 수 있습니다. 문법 예문들과 연습 문제는 회화 수업의 효율성을 위해 묻고 답하는 형식을 취하고 있으며, 적절히 배치된 이미지들은 문법과 어휘를 익히는 데 도움이 되어 줄 것입니다. 또한 세 과를 하나의 단위로 하여 각 단위마다 프랑스 문학과 문화를 소개하는 텍스트를 수록하였으며, 학생들이 스스로 공부할 수 있도록 발음기호표 · 동사변화표와 프랑스 현지인들이 직접 읽고 녹음한 CD를 부록으로 덧붙였습니다.

이 책이 나올 수 있도록 도움을 주신 분들께 진심으로 감사드립니다. 기꺼이 삽화를 그려 주신 김유리 양, 녹음에 협조를 아끼지 않으신 김시몽 선생님과 반은정 양, Guillaume FELLI군, Clotilde PÉPIN양, 특히 편찬 과정 전반에 관해 충고 말씀 주신 불어불문학과 선생님들의 도움이 없었다면 이 책의 출간은 불가능했을 것입니다. 끝으로 훌륭한 책이 되도록 편집과 제작에 애써 주신 고려대학교출판부 편집실 여러분께 감사드립니다.

고려대학교 교양불어 편찬위원회

TABLEAU DES CONTENUS

LEÇON 1

UN HOMME ET UNE FEMME

- le masculin et le féminin des noms
- le singulier et le pluriel des noms
- les articles indéfinis et définis
- les nombres cardinaux
- la Francophonie

un homme

des homme*s*

une femme

des femme*s*

un livre

des livre*s*

une chaise

des chaise*s*

le soleil

la Terre

la tour Eiffel

les Champs-Élysée*s*

un une des le la les **homme** femme *livre*
chaise **soleil** Terre tour **Eiffel** Champs-Élysées

Masculin ou féminin?

Noms masculins : homme, livre, soleil
Noms féminins : femme, chaise, Terre

le féminin = le masculin + e

ami ➡ ami**e**

❶ Dites le genre.

homme : masculin
femme : féminin

1. garçon
2. fille
3. table
4. classe
5. tableau

Singulier ou pluriel?

le pluriel = le singulier + s

homme ➡ homme**s**
femme ➡ femme**s**

❷ Mettez au féminin.

Français ➡ Française

1. étudiant
2. blond
3. noir
4. Chinois
5. Américain

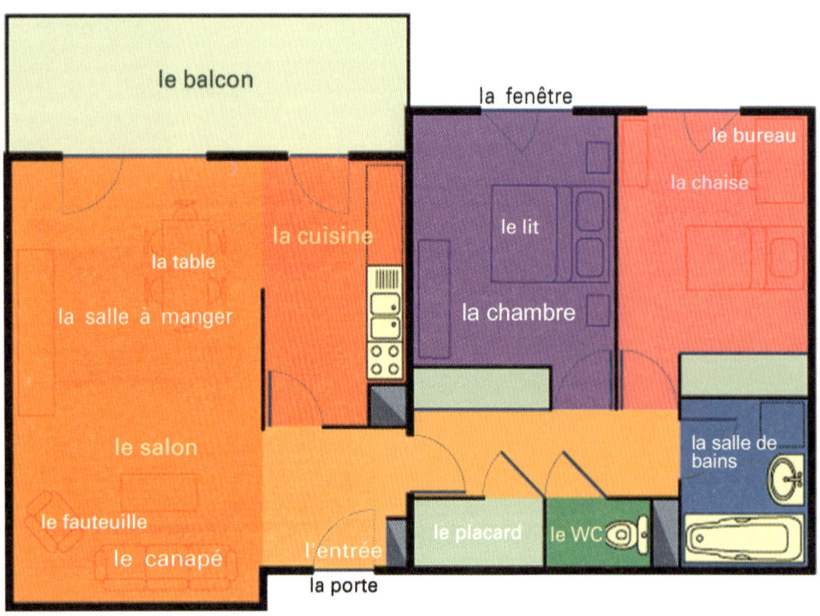

Les articles

- **Article indéfini** : un, une ou des

un homme	des hommes
une femme	des femmes

- **Article défini** : le, la ou les

le livre	les livres
la chaise	les chaises

l' + voyelle [h muet] :
l'université (les universités)
l'homme (les hommes)

- Voici un livre.
➡ Voici le livre de Valérie.

Voilà une tour.
➡ Voilà la tour Eiffel.

❸ *Un, une* ou *des*?

1. _______ sac
2. _______ école
3. _______ ordinateur
4. _______ amis
5. _______ dictionnaire

❹ *Le, la, l'* ou *les*?

1. _______ stylo de François
2. _______ amie de Jean
3. _______ enfants de Louis
4. _______ musée d'Orsay
5. _______ place de la Concorde

Les nombres cardinaux

zéro (0)	
un(e) (1)	onze (11)
deux (2)	douze (12)
trois (3)	treize (13)
quatre (4)	quatorze (14)
cinq (5)	quinze (15)
six (6)	seize (16)
sept (7)	dix-sept (17)
huit (8)	dix-huit (18)
neuf (9)	dix-neuf (19)
dix (10)	vingt (20)

un homme

deux hommes

une femme

❶ Écrivez les nombres en lettres.

1.

____________ portables

2.

____________ pomme

3.

____________ stylos

4.

____________ tomates

LE FRANÇAIS DANS LE MONDE : LA FRANCOPHONIE

Le français est présent dans 51 États et il est la langue officielle dans 29 pays. Il y a 52 États membres de la Francophonie. La Francophonie est une organisation qui regroupe des États ou pays qui utilisent le français, soit comme langue maternelle, soit comme langue officielle, ou comme langue d'enseignement.

LEÇON 2

COMMENT ALLEZ-VOUS?

- les pronoms personnels sujets et toniques
- *être* et *aller* au présent de l'indicatif
- l'interrogation
- saluer et présenter
- la géographie de France

Jean : Bonjour, Valérie!
Valérie : Salut, Jean!
Jean : Voici monsieur Colin.
Il est professeur de philosophie.
M. Colin : Enchanté, mademoiselle!
Valérie : Bonjour, monsieur!

M. Lambert : Bonjour, madame Mercier.
Mme Mercier : Bonjour, monsieur Lambert.
M. Lambert : Comment *allez-vous*?
Mme Mercier : Très bien, merci. Et *vous*?
M. Lambert : *Moi* aussi, *je vais* bien.

Jean : Salut, François!
Bonne journée!
François : Merci, *toi* aussi.
Au revoir, Jean!

moi	toi	il	vous	je
bonjour	salut	monsieur	professeur	philosophie
mademoiselle	madame	journée	enchanté	bon(ne)
être	aller	comment	très	bien
merci	aussi	et	au revoir	

Les pronoms personnels sujets et toniques

je • moi	nous • nous
tu • toi	vous • vous
il • lui	ils • eux
elle • elle	elles • elles

Le présent de l'indicatif du verbe *être*

je	**suis**	nous	**sommes**
tu	**es**	vous	**êtes**
il	**est**	ils	**sont**
elle	**est**	elles	**sont**

Je suis Valérie Dubois.
Je suis française.
Sylvie Martin **est** une amie.
Elle aussi, **elle est** française.
Alors, **nous sommes** françaises.

Tu es étudiant.
Jean aussi, **il est** étudiant.
Alors, Jean et **toi, vous êtes** étudiants.

Valérie et Sylvie, **elles sont** françaises.
Et Jean et François, **ils sont** étudiants.

1 Dites les formes toniques.

1. nous :
2. vous :
3. je :
4. tu :
5. il :
6. elle :
7. ils :
8. elles :

2 Complétez avec des pronoms personnels sujets, des pronoms toniques ou le verbe *être* au présent de l'indicatif.

1. Il ________ étudiant?
   — Oui, il ________ étudiant.
2. Vous ________ coréens?
   — Oui, nous ________ coréens.
3. Valérie et Sylvie, ________ sont à Paris?
   — Oui, elles ________ à Paris.
4. Jean et Valérie ________ parisiens?
   — Oui, _____ ________ parisiens.
5. ________ , tu ________ américain?
   — Oui, je ________ américain.
   Et ________ ?
   — ________ , je ________ anglais.

Le présent de l'indicatif du verbe *aller*

je	**vais**	nous	**allons**
tu	**vas**	vous	**allez**
il	**va**	ils	**vont**
elle	**va**	elles	**vont**

Tu **vas** bien?
— Oui, je **vais** très bien.

L'interrogation

Tu es étudiant.
Tu es étudiant?
Est-ce que tu es étudiant?
Es-tu étudiant?

Valérie est étudiante.
Valérie est étudiante?
Est-ce que Valérie est étudiante?
Valérie est-elle étudiante?

❸ Complétez avec le verbe *aller* au présent de l'indicatif.

1. Vous ________ bien?
   — Oui, je ________ bien.
2. Ils ________ bien?
   — Oui, ils ________ très bien.
3. Tu ________ à Paris?
   — Oui, je ________ à Paris.
4. Valérie ________ à Lyon?
   — Non, elle ________ à Marseille.
5. Nous ________ à la poste?
   — Oui, nous ________ à la poste.

❹ Transformez les phrases en interrogation.

Elle est française.
➡ *Est-ce qu'*elle est française?
Est-elle française?

1. Vous êtes parisien.
2. Il est médecin.
3. Le campus est grand.
4. Vous allez bien.
5. Sylvie va à Bordeaux.

Paris : parisien	Lille : lillois
Lyon : lyonnais	Strasbourg : strasbourgeois
Marseille : marseillais	Nice : niçois
Bordeaux : bordelais	Toulouse : toulousain

Saluer et présenter

- Bonjour!
  Bonsoir!
  Salut!

- Au revoir!
  À bientôt!
  Salut!

- Bonne journée!
  Bon après-midi!
  Bonne soirée!
  Bonne nuit!

- Comment allez-vous?
  — Très bien, merci. Et vous?

  Tu vas bien?
  — Pas mal.

  Ça va?
  — Ça va.

- Bonjour, madame!
  Je suis Valérie Dubois.
  — Enchantée, mademoiselle!

❶ Saluez votre professeur et vos amis!

— Bonjour, monsieur.
— Bonjour, mademoiselle.
— Comment allez-vous?
— Très bien, merci. Et vous?
— Moi aussi, je vais bien.

— Salut, Valrérie!
— Bonjour, Jean! Ça va?
— Ça va merci. Et toi?
— Pas mal.

❷ Vous vous présentez.

— Bonjour! Je suis **Valérie Dubois**.
Je suis **étudiante**.

— Salut! Je suis **Jean Mercier**.
Moi aussi, je suis **étudiant**.

❸ Présentez vos amis.

— Voici **Sylvie Martin**.
Elle est **étudiante**.

LA GÉOGRAPHIE DE FRANCE

D'une superficie de 544.435 km^2 , la France métropolitaine a la forme d'un hexagone et s'étend sur 1.000 km du nord au sud et d'est en ouest. C'est le troisième plus grand pays d'Europe, après la Russie et l'Ukraine. La France a quatre façades maritimes sur la Mer du Nord, la Manche, l'Atlantique et la Méditerranée. A l'exception de sa frontière nord-est, le pays est délimité principalement par des frontières naturelles : Rhin, Jura, Alpes, Pyrénées.

La France se compose de 22 régions en France métropolitaine et de 4 régions d'outre-mer. Les régions sont à leur tour subdivisées en départements.

LEÇON 3

QUI EST-CE?

- *avoir* au présent de l'indicatif
- le féminin et le pluriel des noms et des adjectifs
- la place de l'adjectif
- les pronoms interrogatifs *qui* et *qu'est-ce que*
- la négation

- *il y a*
- les nationalités
- les professions

- la littérature française
- trois poèmes de Jacques Prévert

Il y a des photos sur la table.

Paul : *Qui* est-ce?

Valérie : C'est Victor Hugo.

Paul : Ah! l'auteur de
《Notre-Dame de Paris》?

Valérie : C'est ça.

Paul : Et elle, c'est *qui*?

Valérie : C'est Sophie Marceau.

Paul : Elle est très *belle*!
Est-ce qu'elle est *française*?

Valérie : Oui, elle est *française*.

Paul : Elle est *chanteuse*?

Valérie : Non, elle *n'*est *pas chanteuse*.
Elle est *actrice*.

Paul : Est-elle *mariée*?

Valérie : Non, mais elle *a* un fils.

y	qui	ce	photo
auteur	Notre-Dame	chanteur / chanteuse	acteur / actrice
fils	beau / belle	marié	avoir
sur	ne	mais	ah

Le présent de l'indicatif du verbe *avoir*

j'	ai	nous	avons
tu	as	vous	avez
il	a	ils	ont
elle	a	elles	ont

Tu **as** des sœurs?
— Oui, j'**ai** une sœur.

❶ Complétez avec le verbe *avoir* au présent de l'indicatif.

1. Je ________ un frère.
2. Nous ________ une maison à Lille.
3. Vous ________ un parapluie?
4. Elles ________ des amies allemandes.
5. Il ________ 20 ans.

Le pluriel

un livre intéressant
des livre**s** intéressant**s**

un pay**s** gri**s**
des pay**s** gri**s**

un épou**x** heureu**x**
des épou**x** heureu**x**

un cad**eau** spéci**al**
des cad**eaux** spéci**aux**

❷ Mettez les phrases au pluriel.

J'ai un ami français.
➡ Nous avons des amis français.

1. Tu es français?
2. Je suis étudiant coréen.
3. Il a un appartement à Paris.
4. Vous avez un fils?
5. Il y a un animal sauvage.

《Qui êtes-vous?》 — 《Nous sommes des roses.》

La place de l'adjectif

un **beau** matin
une **jolie** robe

un étudiant **français**
une table **ronde**
un pantalon **noir**
un voyage **extraordinaire**

un livre intéressant
des livres intéressants

un bon livre
de bons livres

Les pronoms interrogatifs

Qui est-ce?
– C'est Sophie Marceau.
Elle est actrice.
– C'est une Française.
– C'est une actrice française.

Qu'est-ce que c'est?
– C'est un manuel de français.
– Ce sont des manuels de français.

❸ Mettez dans l'ordre.

suis / journaliste / . / je / français
➡ Je suis journaliste français.

1. courts / a / les / cheveux / . / il
2. elle / . / les / bleus / yeux / a
3. bons / avons / dictionnaires / . / nous / de
4. un / ? / pays / vas / dans / tu / étranger
5. y / de / il / . / belles / fleurs / le / a / dans / jardin

❹ Répondez aux questions.

1. Qui est-ce? (Marie Curie)
2. Qui est-ce? (peintre espagnol)
3. Qu'est-ce que c'est? (voiture)
4. Qu'est-ce que c'est? (livre de Paul)
5. Qu'est-ce que c'est? (téléphones portables)

Le féminin

un étudiant français
une étudiante française

un pianiste célèbre
une pianiste célèbre

un étranger heureux
une étrangère heureuse

un musicien coréen
une musicienne coréenne

un bon chanteur
une bonne chanteuse

un acteur créatif
une actrice créative

un beau garçon [un bel homme]
une belle fille

❺ Mettez les mots au féminin.

1. un cousin allemand
2. un artiste coréen
3. un nouveau directeur
4. un secrétaire intelligent
5. un sportif russe
6. des infirmiers gentils
7. des danseurs ambitieux
8. des acteurs espagnols
9. des cuisiniers étrangers
10. des comédiens populaires

La négation

ne + verbe + pas :
Je ne suis pas chanteuse.

n' + voyelle [h muet] :
Elle n'est pas chanteuse.

❻ Répondez négativement aux questions.

1. Valérie est allemande?

— Non, ______________________

2. Vous êtes professeur?

— Non, ______________________

3. Jean est écrivain?

— Non, ______________________

4. Tu vas bien?

— Non, ______________________

il y a

Qu'est-ce qu'**il y a** sur la table?
– **Il y a** une photo sur la table.
– **Il y a** des photos sur la table.

❶ Qu'est-ce qu'il y a dans le sac de Jean?

Il y a un portefeuille,
des billets,
des pièces,
une carte bancaire,
une carte d'identité nationale,
une carte d'étudiant,
un permis de conduire,
un téléphone portable,
des livres,
un cahier,
des stylos,
un dictionnaire électronique,
un agenda,
un mouchoir,
des clés,
des cigarettes,
des tickets de métro ...

❷ Qu'est-ce qu'il y a dans votre sac?

Il y a ____

Les nationalités

pays	peuple	adjectif
l'Allemagne	Allemand(e)	allemand(e)
l'Angleterre	Anglais(e)	anglais(e)
la France	Français(e)	français(e)
la Russie	Russe	russe
la Chine	Chinois(e)	chinois(e)
la Corée	Coréen(ne)	coréen(ne)
le Japon	Japonais(e)	japonais(e)
le Canada	Canadien(ne)	canadien(ne)
les États-Unis	Américain(e)	américain(e)

❸ Dites leur nationalité.

Jean est *français.*

Valérie est ______________

Helmut est ______________

Maria et Ingrid sont ______________

Minsoo est ______________

Yonghee est ______________

Marc et Daniel sont ______________

Céline Dion est ______________

Mao est ______________

Gong Li est ______________

Les professions

étudiant(e) journaliste comédien(ne) musicien(ne)
infirmi*er*(ère) cuisini*er*(ère) chanteu*r*(se) danseu*r*(se)
act*eur*(rice) professeur médecin écrivain

❹ Dites leur profession.

1. 

Il est ____________________

2. 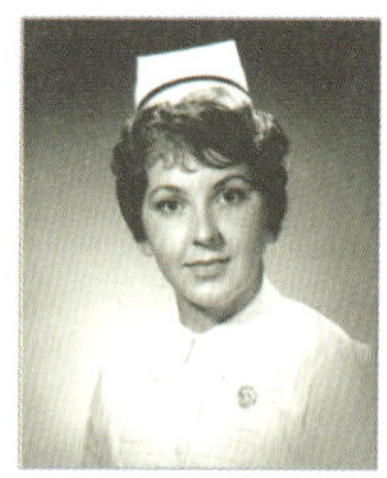

Elle est ____________________

3. 

Il est ____________________

4. 

Elles sont ____________________

❺ Et vous, quelle est votre profession?

RELIEZ LES ÉCRIVAINS ET LEUR ŒUVRE.

1. Stendhal

a. 《Le Petit Prince》

2. Jules Verne

b. 《Une Saison en Enfer》

3. Albert Camus

c. 《Le Rouge et le Noir》

4. Arthur Rimbaud

d. 《Le Tour du monde en 80 jours》

5. Antoine de Saint-Exupéry

e. 《L'Étranger》

Trois poèmes de Jacques Prévert

L'AMIRAL

L'amiral Larima
Larima quoi
la rime à rien
l'amiral Larima
l'amiral rien.

PREMIER JOUR

Des draps blancs comme une armoire
Des draps rouges dans un lit
Un enfant dans sa mère
Sa mère dans les douleurs
Le père dans le couloir
Le couloir dans la maison
La maison dans la ville
La ville dans la nuit
La mort dans un cri
Et l'enfant dans la vie.

LA BELLE SAISON

À jeun perdue glacée
Toute seule sans un sou
Une fille de seize ans
Immobile debout
Place de la Concorde
À midi le Quinze Août

LEÇON 4

TU AIMES LA LITTÉRATURE?

- les adjectifs possessifs
- les verbes du premier groupe au présent de l'indicatif
- la contraction : *à* / *de* + l'article défini

- *s'appeler*
- *jouer à* / *de*
- la préférence
- les nombres cardinaux et ordinaux

- le système éducatif français

Sur la place de la Sorbonne

Jean : Tiens! Salut, Valérie! Ça va?

Valérie : Ça va, merci.

Jean : Voici *mon* ami François.

François : Bonjour!

Jean : Et elle, elle *s'appelle* Valérie.

Valérie : Salut, François! Enchantée.

François : Je suis étudiant en gestion. Tu es étudiante, toi aussi?

Valérie : Oui, mais moi, j'*étudie* la littérature. Tu *aimes* la littérature?

François : Oui, surtout la littérature moderne. J'*aime* aussi le sport. Je *joue au* basket.

Valérie : Moi, j'*adore* la natation. Le week-end, je vais *à la* piscine.

François : Tu *nages* bien?

Valérie : Pas mal. Et toi?

Jean : Il *nage* comme un poisson!

Valérie : Ah!

Sorbonne	gestion	littérature	sport	basket	natation
week-end	piscine	poisson	mon	moderne	s'appeler
étudier	aimer	jouer	adorer	nager	surtout
comme	en	tiens			

Les adjectifs possessifs

mon ami	**notre** ami
ma maison	**notre** maison
(**mon** amie)	(**notre** amie)
mes ami(e)s	**nos** ami(e)s
ton ami	**votre** ami
ta maison	**votre** maison
(**ton** amie)	(**votre** amie)
tes ami(e)s	**vos** ami(e)s
son ami	**leur** ami
sa maison	**leur** maison
(**son** amie)	(**leur** amie)
ses ami(e)s	**leurs** ami(e)s

Le présent de l'indicatif des verbes du premier groupe

PARLER

je	parl**e**	nous	parl**ons**
tu	parl**es**	vous	parl**ez**
il	parl**e**	ils	parl**ent**
elle	parl**e**	elles	parl**ent**

manger : nous mang**e**ons
placer : nous pla**ç**ons

❶ Complétez avec des adjectifs possessifs.

1. C'est la voiture de Jean?
   — Oui, c'est ___________ voiture.
2. L'école de Paul est loin?
   — Non, ______ école n'est pas loin.
3. Le portable sur la table est à toi?
   — Oui, c'est __________ portable.
4. Les enfants de Mme et M. Colin sont à l'étranger?
   — Oui, __________ enfants sont à l'étranger.
5. Les romans de Maupassant sont connus?
   — Oui, __________ romans sont très connus.

❷ Complétez avec les verbes entre parenthèses au présent de l'indicatif.

1. Vous __________ français? (parler)
2. Il _________ à Grenoble? (travailler)
3. Je __________ à Paris. (habiter)
4. Nous __________ dehors demain soir? (manger)
5. Nous __________ maintenant? (commencer)

La contraction : *à / de* + l'article défini

à + le	:	**au**
à + les	:	**aux**

à + le cinéma	:	**au** cinéma
(à + l'hôpital	:	**à l'**hôpital)
à + la piscine	:	**à la** piscine
(à + l'école	:	à l'école)
à + les écoles	:	**aux** écoles

de + le	:	**du**
de + les	:	**des**

de + le piano	:	**du** piano
(de + l'hôpital	:	**de l'**hôpital)
de + la guitare	:	**de la** guitare
(de + l'école	:	**de l'**école)
de + les écoles	:	**des** écoles

❸ Complétez avec des articles.

1. Vous jouez ________ tennis?

   — Oui, je joue ________ tennis et ________ football.

2. Tu joues ________ violon?

   — Non, je joue ________ piano.

3. Vous allez ________ théâtre?

   — Non, nous allons ______ cinéma.

4. Tu vas ________ poste?

   — Non, je vais ________ marché.

5. Ils habitent ________ États-Unis?

   — Non, ils habitent ______Canada.

6. Nous restons ________ hôtel?

   — Non, nous allons _______ Opéra Bastille.

Comment tu t'appelles?

Je	**m'appelle ...**	Nous	**nous appelons ...**
Tu	**t'appelles ...**	Vous	**vous appelez ...**
Il	**s'appelle ...**	Ils	**s'appellent ...**
Elle	**s'appelle ...**	Elles	**s'appellent ...**

jouer à / de

Paul **joue au** football.

Valérie **joue du** piano.

La préférence

adorer
aimer beaucoup
aimer [préférer]
ne pas aimer beaucoup
ne pas aimer
détester

Tu **aimes** la musique?
– Oui, j'**adore** la musique.
Et le sport?
– Ah non, je **déteste** le sport.

Vous **aimez** nager?
– Oui, j'**aime beaucoup** nager.
Et jouer au tennis?
– Non, je **n'aime pas** jouer au tennis.
Je **préfère** jouer au basket.

❶ Dites votre nom et votre prénom.

❷ Dites le nom et le prénom de votre ami(e).

❸ Complétez.

1. Je joue ________ tennis.
2. Tu joues ________ guitare?
3. Elle joue ________ violon.
4. Ils jouent ________ cartes.

❹ Qu'est-ce que vous aimez?

❺ Qu'est-ce que vous n'aimez pas?

Les nombres cardinaux

vingt (20)
vingt et un(e) (21)
vingt-deux (22)

trente (30)
trente et un(e) (31)
trente-deux (32)

quarante (40)
quarante et un(e) (41)
quarante-deux (42)

cinquante (50)
cinquante et un(e) (51)
cinquante-deux (52)

soixante (60)
soixante et un(e) (61)
soixante-deux (62)

soixante-dix (70)
soixante et onze (71)
soixante-douze (72)

quatre-vingts (80)
quatre-vingt-un(e) (81)
quatre-vingt-deux (82)

quatre-vingt-dix (90)
quatre-vingt-onze (91)
quatre-vingt-douze (92)

cent (100)
cent un(e) (101)
deux cents (200)
deux cent dix (210)

mille (1.000)
mille un(e) (1.001)
deux mille (2.000)
deux mille dix (2.010)

Les nombres romains

I (1)	XVI (16)
II (2)	XVII (17)
III (3)	XVIII (18)
IV (4)	XIX (19)
V (5)	XX (20)
VI (6)	XXX (30)
VII (7)	XL (40)
VIII (8)	L (50)
IX (9)	LX (60)
X (10)	LXX (70)
XI (11)	LXXX (80)
XII (12)	XC (90)
XIII (13)	C (100)
XIV (14)	D (500)
XV (15)	M (1.000)

❻ Écrivez les nombres en lettres.

1. 45 :
2. 59 :
3. 78 :
4. 99 :
5. 365 :
6. 999 :
7. 1.830 :
8. 2.000 :
9. 10.000 :
10. 100.000 :

Les nombres ordinaux

le nombre ordinal =
le nombre cardinal + ième

premier (1er) [première (1re)]
deuxième [second(e)] (2e)
troisième (3e)
quatrième (4e)
cinquième (5e)
sixième (6e)
septième (7e)
huitième (8e)
neuvième (9e)
dixième (10e)
onzième (11e)
douzième (12e)
dix-septième (17e)
vingtième (20e)
vingt et unième (21e)
vingt-deuxième (22e)
centième (100e)
millième (1.000e)

❼ Écrivez les nombres en lettres.

1. la 1re classe

2. la 2e place

3. le 5e étage

4. le 9e jour

5. le 11e mois

6. le XXIe siècle

7. le 100e anniversaire

8. le 16e arrondissement

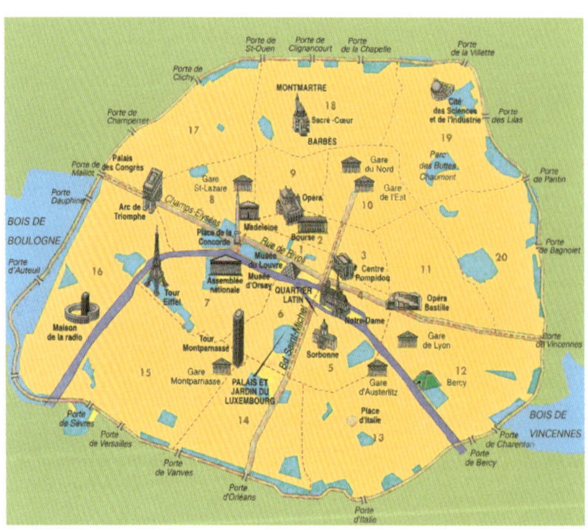

LE SYSTÈME ÉDUCATIF FRANÇAIS

L'ENSEIGNEMENT PRIMAIRE

L'ÉCOLE MATERNELLE (3 à 6 ans)

↓

L'ÉCOLE PRIMAIRE (6 à 11 ans)

L'ENSEIGNEMENT SECONDAIRE

LE COLLÈGE (11 à 15 ans)

↙ ↘

LE LYCÉE (15 à 18 ans) LE LYCÉE PROFESSIONNEL

L'ENSEIGNEMENT SUPÉRIEUR

L'UNIVERSITÉ	L'INSTITUT UNIVERSITAIRE	LES GRANDES ÉCOLES
(LMD : licence → master → doctorat)		(École polytechnique, E.N.S., E.N.A., etc.)

- E.N.A. : École nationale d'administration
  E.N.S. : École normale supérieure

- LES DISCIPLINES
  Les sciences humaines et sociales :
  la langue, la littérature, la linguistique, l'histoire, la philosophie, la géographie, la sociologie, la psychologie, le droit, la science politique, l'administration, la science économique, la gestion, la pédagogie ...
  Les sciences naturelles :
  les mathématiques, la physique, la chimie, la géologie, la biologie, l'informatique, l'architecture, la télécommunication, la médecine, la pharmacie ...
  Les arts : les beaux-arts, la musique, la cinématographie, le théâtre, la danse ...

LEÇON 5

ON VA VOIR QUEL FILM?

- l'adjectif démonstratif
- le futur proche
- l'adjectif interrogatif et exclamatif *quel*
- *venir* au présent de l'indicatif
- le passé récent

- *on*
- les jours et les mois
- l'heure

- le cinéma français

Au téléphone

François : Allô! Valérie? C'est François.

Valérie : Ah! Salut, François! Ça va?

François : Pas mal. Et toi?

Valérie : Ça va bien, merci.

François : Tu es libre *ce* soir?

Valérie : Oui, je suis libre. Pourquoi?

François : Tu veux aller au cinéma avec moi?

Valérie : Oui, avec plaisir. Mais on *va voir quel* film?

François : 《Les choristes》. Tu sais, c'est un très bon film.

Valérie : À *quelle* heure sont les séances?

François : Je *viens d'acheter* deux billets pour la séance de 18h 10.

Valérie : Oh! c'est gentil!

François : Rendez-vous donc à 5 heures et demie devant le cinéma Gaumont Champs-Élysées. Ça va?

Valérie : Oui, d'accord.

François : Alors, à *ce* soir!

Valérie : Bon, à tout à l'heure!

on	téléphone	plaisir	film	choriste
heure	séance	rendez-vous	Gaumont	libre
quel	demi	faire	vouloir	voir
savoir	venir	acheter	pourquoi	alors
avec	devant	donc	allô	oh
d'accord	à tout à l'heure			

L'adjectif démonstratif

ce cours, **ce** soir
cet arbre, **cet** homme

cette maison, **cette** nuit

ces cours, **ces** arbres, **ces** hommes
ces maisons

❶ Complétez avec des adjectifs démonstratifs.

1. J'aime __________ chanson.
2. _______ film est superbe!
3. _______ hôpitaux sont très anciens.
4. Je vais voir François __________ après-midi.
5. _________ semaine, je vais visiter le château de Versailles.

Le futur proche

aller + infinitif

Je **vais partir** dans 10 minutes.

❷ Mettez les verbes en italique au futur proche.

Valérie *chante*.
➡ Valérie *va chanter*.

1. Il *va* au cinéma.
2. Nous *rentrons* chez nous.
3. Mon frère *a* 17 ans.
4. Vous *voyagez* en Europe?
5. Tu *dînes* tôt ce soir?

quel

- **L'adjectif interrogatif**

  quel garçon — **quelle** fille
  quels garçons — **quelles** filles

- **L'adjectif exclamatif**

  Quelle chance!

❸ Complétez avec *quel*.

1. Vous êtes de ________ nationalité?
2. ________ jour sommes-nous?
3. ________ sont les problèmes de Jean?
4. ________ belles fleurs!
5. ________ imagination!

La fiche de renseignement

Nom : Dubois
Prénom : Valérie
Âge : 20 ans
Date et lieu de naissance :
le 18 mai 1986 à Paris
Nationalité : française
Adresse :
13, rue Victor Hugo, 75016 Paris
Numéro de téléphone :
le 01 43 12 19 21
Situation familiale : célibataire
Profession : étudiante

❹ Lisez la fiche de renseignement de Valérie. Complétez avec *quel* et répondez.

1. ________ est son nom?
2. ________ âge a-t-elle?
3. ________ est sa date de naissance?
4. ________ est sa nationalité?
5. ________ est son adresse?
6. ________ est son numéro de téléphone?
7. ________ est sa situation familiale?
8. ________ est sa profession?

Le présent de l'indicatif du verbe *venir*

je	**viens**	nous	**venons**
tu	**viens**	vous	**venez**
il	**vient**	ils	**viennent**
elle	**vient**	elles	**viennent**

Vous **venez** de Paris?

— Non, je **viens** de Lyon.

Le passé récent

venir de + infinitif

Je **viens d'acheter** deux billets.

5 Complétez avec le verbe *venir* au présent de l'indicatif.

1. Tu __________ de l'école?

   — Oui, je __________ de l'école.

2. Elles __________ du marché?

   — Non, elles ne __________ pas du marché.

3. Vous __________ des Pays-Bas?

   — Oui, nous __________ des Pays-Bas.

4. François __________ voir Valérie?

   — Oui, il __________ voir Valérie.

5. Ils __________ chercher leurs sacs demain?

   — Oui, ils __________ demain.

6 Mettez les verbes en italique au passé récent.

Valérie *chante.*

➡ Valérie *vient de chanter.*

1. Nous *visitons* le musée Rodin.
2. L'avion *arrive* de Londres.
3. Elles *déjeunent* à la cantine.
4. Je *termine* mon travail.
5. Le train *passe* par la gare de Lyon.

on

Aujourd'hui, **on** divorce beaucoup. (on = les gens)
On va au cinéma? (on = nous)

Les jours de la semaine

lundi, mardi, mercredi, jeudi, vendredi, samedi, dimanche

Nous sommes quel jour?
— Nous sommes **mardi**.

On est quel jour?
— On est **jeudi**.

C'est quel jour?
— C'est **samedi**.

❶ Quel jour sommes-nous?

Les mois de l'année

janvier, février, mars, avril, mai, juin, juillet, août, septembre, octobre, novembre, décembre

Nous sommes le combien?
— Nous sommes **le 1er mai**.

On est le combien?
— On est **le 2 mai**.

C'est le combien?
— C'est **le 3 mai**.

❷ Nous sommes le combien?

janvier	: le Jour de l'An (le 1er)
	la fête des Rois
mars	: Mardi gras
	Pâques
mai	: la Fête du Travail (le 1er)
	l'Armistice 1945 (le 8)
juin	: la Pentecôte
juillet	: la Fête Nationale (le 14)
août	: l'Assomption (le 15)
novembre	: la Toussaint (le 1er)
	l'Armistice 1918 (le 11)
décembre	: Noël (le 25)

《galette des rois》

《œufs de Pâques》

《défilé du 14 juillet》

Quelle heure est-il? / Vous avez l'heure?

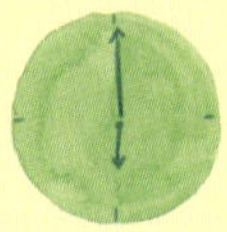

06:00

Il est six heures (du matin).

06:10

Il est six heures dix.

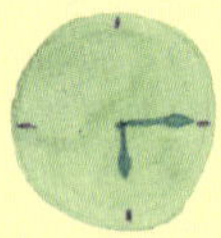

06:15

Il est six heures et quart.

06:30

Il est six heures et demie.

12:00

Il est midi.

15:00

Il est quinze heures.
Il est trois heures de l'après-midi.

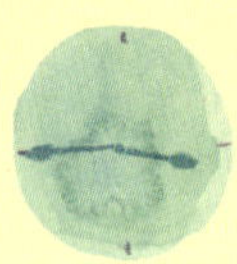

15:45

Il est quinze heures trois quarts.
Il est seize heures moins le quart.

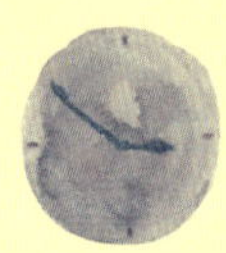

15:50

Il est seize heures moins dix.

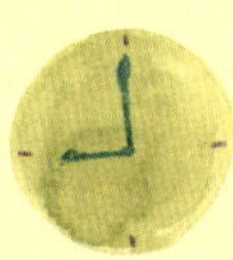

21:00

Il est vingt et une heures.
Il est neuf heures du soir.

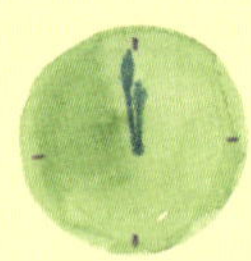

24:00

Il est minuit.

❸ Dites l'heure.

1. 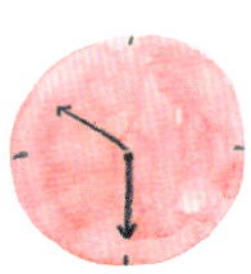 **10:30**

2. 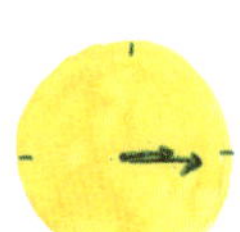 **15:15**

3. 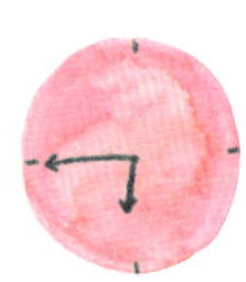 **18:45**

LE CINÉMA FRANÇAIS

Après la première projection publique du Cinématographe à Paris en 1895, l'invention des frères Lumière, le cinéma, devient l'un des supports privilégiés du rayonnement de la culture française à l'étranger. Jusqu'à la Première Guerre mondiale, les films réalisés par les héritiers des frères Lumière dominent les premières salles obscures du monde entier. Et à la fin des années 50, on voit apparaître la 《Nouvelle vague》, une nouvelle façon de produire, de tourner et de fabriquer des films. Avec un magnétophone portable et la caméra 16mm, légère et silencieuse, les jeunes cinéastes comme François Truffaut, Jean-Luc Godard, tournent leurs films en extérieur pour imposer une nouvelle esthétique plus proche du réel. Leurs traits principaux visent ainsi à l'amateurisme technique, au culte de l'improvisation et aux décors naturels. Et les héritiers de cette génération, chacun à sa manière, suivront ces nouvelles idées. Ainsi, presque tous les ans, à l'occasion d'un festival ou du bilan de la production de l'année, les chroniqueurs se demandent s'il est apparu une nouvelle 《Nouvelle vague》. Le mouvement des vagues se répètera inlassablement au rythme des marées, mais la vague de 1959 est une révolution esthétique et restera unique dans l'histoire du cinéma.

les frères Lumière

《Les quatre cents coups》 de F. Truffaut

QU'EST-CE QUE VOUS PRENEZ?

- les pronoms interrogatifs
- l'article partitif
- *de* dans une formule négative

- *avoir* + le nom
- *oui / non / si*
- *aussi / non plus*
- le couvert

- la cuisine française
- proverbes et maximes français

François	:	Tu n'as pas faim?
Valérie	:	Si, j'ai faim et j'ai soif.
François	:	Tu veux aller manger quelque chose?
Valérie	:	Oui, d'accord.

Dans un restaurant

Le garçon	:	Madame, monsieur, bonsoir. *Qu'est-ce que* vous prenez?
François	:	Vous avez *quoi* comme plat du jour?
Le garçon	:	On a une entrecôte à la provençale. C'est excellent.
François	:	Bon, je prends *de l'*entrecôte.
Valérie	:	Moi, un steak-frites, s'il vous plaît.
Le garçon	:	Quelle cuisson désirez-vous, madame? À point?
Valérie	:	Non, bien cuit.
Le garçon	:	Et pour monsieur?
François	:	Moi, je préfère《saignant》.
Le garçon	:	Très bien. Et comme entrée?
Valérie	:	Je vais prendre une salade verte. Et toi?
François	:	Moi, une salade niçoise.
Le garçon	:	Et comme dessert? *Du* fromage?
Valérie	:	Aujourd'hui, je ne prends pas *de* dessert.
François	:	Moi non plus.
Le garçon	:	Alors, une entrecôte à la provençale, un steak-frites, une salade verte et une salade niçoise... C'est parti!
François	:	Et *de l'*eau, s'il vous plaît.
Le garçon	:	Une carafe d'eau... Très bien, monsieur.

Après le repas

François	:	L'addition, s'il vous plaît!
Le garçon	:	Oui, j'arrive!

quelque chose	quoi	faim	soif	restaurant
plat	entrecôte	steak-frites	cuisson	salade
dessert	fromage	eau	carafe	repas
addition	provençal	excellent	cuit	saignant
vert	parti	prendre	désirer	si
aujourd'hui	plus	pour	s'il vous plaît	à point

Les pronoms interrogatifs

Qui vient ce soir?
Qui est-ce qui vient ce soir?
— François.

Qui vas-tu voir samedi?
Qui est-ce que tu vas voir samedi?
— Mes grands-parents.

Qui est-ce?
— C'est ma copine.

C'est un cadeau pour **qui**?
— Pour Valérie.

Qu'est-ce qui ne va pas?
— Je suis malade.

Que faites-vous dans la vie?
Qu'est-ce que vous faites dans la vie?
Vous faites **quoi** dans la vie?
— Je suis avocat.

Qu'est-ce que c'est?
C'est **quoi**?
— C'est un appareil photo.

De **quoi** parlez-vous?
— De mon voyage en Europe.

❶ Complétez avec des pronoms interrogatifs.

1. ________________ est là?
   — C'est Paul.
2. ________________ aimes-tu comme peintre français?
   — J'aime Renoir.
3. ________________ désirez-vous?
   — Une baguette et deux croissants, s'il vous plaît.
4. ________________ il y a?
   — Rien.
5. ________________ ne va pas?
   — Je suis fatiguée.
6. ________________ tu as comme problème?
   — Mon ordinateur ne marche pas.
7. À ________________ pensent-ils?
   — À leur mariage.
8. De ________________ parles-tu?
   — Je parle de mon ami Jean.

L'article partitif

du
de la

On prend **du** café?
Tu as **de la** chance!

de l' + voyelle [h muet] :
Tu as **de l'**argent?

❷ Complétez avec des articles partitifs.

1. Valérie prend ________ thé naturel.
2. Je préfère boire ________ bière.
3. Tu as ________ feu?
4. Vous avez ________ monnaie?
5. Il a ________ courage.

de dans une formule négative

Tu as **un** dictionnaire?
— Non, je n'ai pas **de** dictionnaire.

On achète **des** oranges?
— Non, on n'achète pas **d'**oranges.

Vous prenez **du** fromage?
— Non, je ne prends pas **de** fromage.

❸ Répondez négativement aux questions.

1. Vous mangez du porc?
2. On prend des légumes?
3. Ils ont des enfants?
4. Vous prenez du café?
5. Vous avez du temps?
6. Il aime la viande?

avoir + le nom

Quel **âge as**-tu?
— J'**ai** 19 **ans**.

Moi, j'**ai faim** et j'**ai soif**. Et toi?
— Moi, j'**ai sommeil**.

Tu **as peur**?
— Non, je n'**ai** pas **peur**.

Vous **avez froid**?
— Non, j'**ai chaud**.

Où **as**-tu **mal**?
— J'**ai mal** à la tête.

Elle **a raison** et il **a tort**.

❶ Répondez.

1. Quel âge avez-vous?
2. Tu as faim?
3. Tu as sommeil?
4. Vous avez chaud?
5. Vous avez mal à la tête?

oui / non / si

Tu as faim?
— **Oui**, j'ai faim.
— **Non**, je n'ai pas faim.

Tu n'as pas faim?
— **Si**, j'ai faim.
— **Non**, je n'ai pas faim.

❷ Répondez.

1. Tu as des frères?

— Oui, ______________________________

2. Vous aimez le café?

— Non, ______________________________

3. Vous ne parlez pas français?

— Si, ______________________________

4. Tu n'as pas froid?

— Non, ______________________________

aussi / non plus

J'aime le café.
— Moi **aussi**.

Je n'aime pas le café.
— Moi **non plus**.

❸ Dialoguez avec votre ami(e).

1. J'aime la cuisine française.
   Et toi?

2. Je n'aime pas danser. Et toi?

Le couvert

une serviette (A), un plat (B),
un bol à soupe (C),
une assiette à beurre (D),
un verre à eau (E),
des verres à vin (F, G),
des fourchettes (H, I, J),
des cuillères (M, N),
des couteaux (K, L)

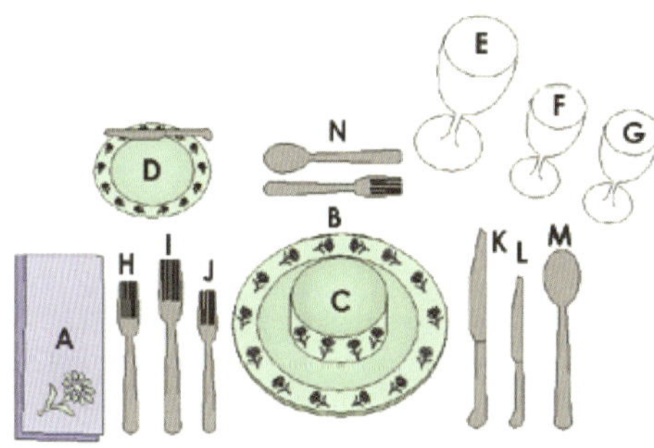

LES RESTAURANTS DU COEUR

《Aujourd'hui, on n'a plus le droit
d'avoir faim ni d'avoir froid.》
Coluche

QU'EST-CE QUE LES FRANÇAIS MANGENT ET BOIVENT?

COMME ENTRÉE : salade verte, salade niçoise, jambon de pays, foie gras ...

COMME PLAT PRINCIPAL :

entrecôte à la provençale, steak-frites, côte de porc, coq au vin, filets de soles ...

COMME DESSERT : fromage, glace, gâteau, tarte, fruits ...

COMME BOISSON :

eau (eau minérale / eau gazeuse), vin (vin rouge / vin rosé / vin blanc), bière, champagne, jus de fruit (jus d'orange / jus de pomme / jus de raisin), limonade ...

Proverbes et maximes français

Chacun à son goût.
Tel père, tel fils.
Pas de nouvelles, bonnes nouvelles.
Après la pluie, le beau temps.
Loin des yeux, loin du cœur.
Les absents ont toujours tort.
Les murs ont des oreilles.
L'argent n'a pas d'odeur.

Une hirondelle ne fait pas le printemps.
L'argent ne fait pas le bonheur.
On ne fait pas d'omelette sans casser des œufs.
La fortune sourit aux audacieux.
Pierre qui roule n'amasse pas mousse.
Quand on veut on peut.
Trop de cuisiniers gâtent la sauce.
Un malheur ne vient jamais seul.
Un chien regarde bien un évêque.

LEÇON 7

JE VAIS LUI FAIRE LA SURPRISE

- les pronoms personnels compléments
- le temps
- les moyens de transport
- accepter ou refuser une proposition
- le prix
- le mode de paiement
- l'euro

Mme Dubois : Demain, c'est l'anniversaire de Valérie.

M. Dubois : C'est vrai. On va *le* fêter à la maison?

Mme Dubois : Oui, je vais *lui* faire la surprise.

M. Dubois : Alors, qu'est-ce qu'on va *lui* offrir comme cadeau? Un CD, peut-être? Elle aime la musique.

Mme Dubois : Oui, mais elle a déjà beaucoup de CD. Je préfère *lui* acheter un dictionnaire électronique.

M. Dubois : Ça, c'est une très bonne idée.

Mme Dubois : Alors, on va à la FNAC?

M. Dubois : Quand ça?

Mme Dubois : Maintenant.

M. Dubois : En voiture?

Mme Dubois : Non, à pied. Il fait beau, n'est-ce pas?

M. Dubois : Bon, si tu veux.

À la FNAC

M. Dubois : Comment tu trouves ce modèle?

Mme Dubois : Il *me* plaît : il est joli, léger, et surtout il comprend plusieurs dictionnaires.

M. Dubois : C'est combien?

La vendeuse : 250 euros, monsieur.

M. Dubois : Oh là là! C'est cher!

surprise	CD	idée	FNAC	pied	modèle
euro	vrai	léger	plusieurs	cher	fêter
offrir	trouver	plaire	comprendre	peut-être	quand
oh là là!					

Les pronoms personnels compléments

- **Le complément d'objet direct**

me [m']	**nous**
te [t']	**vous**
le [l']	**les**
la [l']	**les**

Voilà *mon amie Valérie.*
Je **l**'aime bien.

- **Le complément d'objet indirect**

me [m']	**nous**
te [t']	**vous**
lui	**leur**
lui	**leur**

Mon amie Valérie **m'**écrit souvent.

Tu veux parler *à Valérie*?
— Oui, je veux **lui** parler.

❶ Répondez en remplaçant les mots en italique par le pronom.

1. Vous avez *le livre de Paul*?

   — Oui, ______________________

2. Vous voyez souvent *vos grands-parents*?

   — Oui, ______________________

3. Elle ne regarde pas souvent *la télé*?

   — Non, ______________________

4. Tu connais *mon copain François*?

   — Non, ______________________

5. Tu téléphones souvent *à tes parents*?

   — Oui, ______________________

6. Il ne veut pas parler *à sa sœur*?

   — Non, ______________________

7. On va demander l'heure *à la dame à côté de nous*?

   — Oui, ______________________

Pour téléphoner de France vers l'étranger, en automatique

0 0 + Code du pays + Codes villes + Numéro de votre correspondant

Vous êtes en France. Vous téléphonez à vos parents à Séoul.
Composez le 00 82 2 + numéro de téléphone de vos parents.

L'ordre des pronoms personnels compléments

sujet +	me te nous vous	le la les	+ verbe

Tu *me* donnes *ce livre*?
— Oui, je **te le** donne.

J'ai besoin de *ton portable*.
Tu peux **me le** prêter?

sujet +	le la les	lui leur	+ verbe

Vous allez offrir *ces livres à vos enfants*?
— Oui, je vais **les leur** offrir.

❷ Répondez en remplaçant les mots en italique par des pronoms.

1. *François* va te laisser son *adresse e-mail*?

   — Oui, ________________

2. Vous prêtez souvent *votre voiture à votre frère*?

   — Non, ________________

3. Tu envoies *ce paquet à tes parents*?

   — Oui, ________________

4. Tu vas montrer *tes photos à tes amis*?

   — Oui, ________________

5. *Sylvie* demande *le chemin à Valérie*?

   — Non, ________________

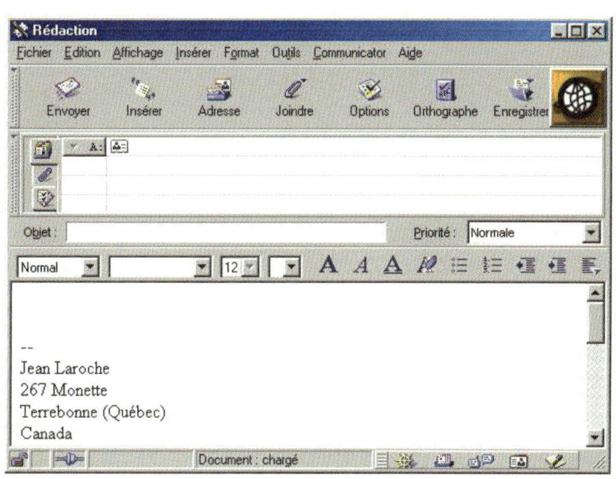

Quel temps fait-il?

Il fait beau au printemps.
Il fait chaud en été.
Il fait frais en automne.
Il fait froid en hiver.

❶ Décrivez le temps en Corée.

Au printemps ______________________

En été ______________________

En automne ______________________

En hiver ______________________

La météo

Du Nord à la Bretagne, il va pleuvoir. Sur le Bassin parisien et en Normandie, les averses et quelques éclaircies vont remplacer les pluies. Sur l'est du pays, le temps va rester nuageux. Des Pyrénées au sud du Massif central, il va faire beau le matin, mais des orages vont éclater l'après-midi. Les températures vont varier de 12° à 16° le matin. Plus douces l'après-midi, elles vont atteindre 20° à Toulouse.

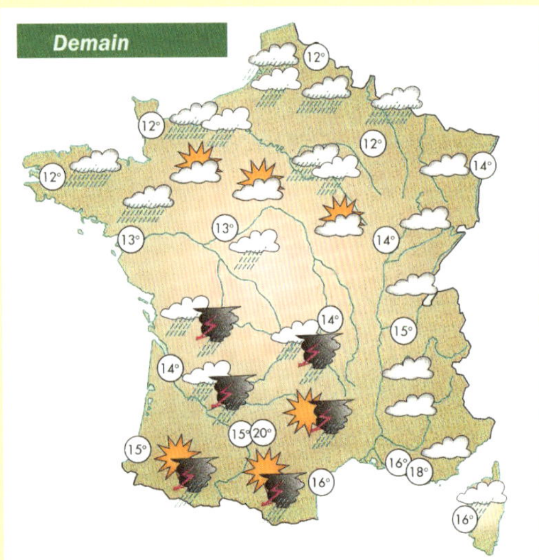

❷ Quel temps fait-il aujourd'hui?

1.

____

2.

____

3.

____

4.

____

Les moyens de transport

en voiture	à pied
en bus	à vélo
en métro	[en vélo]
en taxi	à moto
en avion	[en moto]
en bateau	

❸ Quel est votre moyen de transport?

Accepter

D'accord.
C'est une bonne idée.
Génial!
Chouette!
Pourquoi pas?
Bon, si tu veux.

Refuser

Je suis désolé(e), mais je ne suis pas libre.

Excusez-moi, mais je n'ai pas le temps.

❹ Regardez l'image et faites le dialogue.

Le prix

C'**est combien**?
— C'**est** 10 euros.

Ça [il/elle] **fait combien**?
— Ça [il/elle] **fait** 60 euros.

Ça [il/elle] **coûte combien**?
— Ça [il/elle] **coûte** 115 euros.

Quel est le prix de ce modèle?
— C'**est** 30,50 euros.

Je vous **dois combien**?
— 16 euros.

5 Vous êtes dans une librairie. Vous achetez un manuel de français. Vous demandez le prix et vous payez.
Dialoguez avec votre ami(e).

Le mode de paiement

Vous **payez comment**?
— Je paie **en espèces** [**en liquide**].
— Je paie **par chèque**.
— Je paie **par carte bancaire** [**par carte de crédit**].

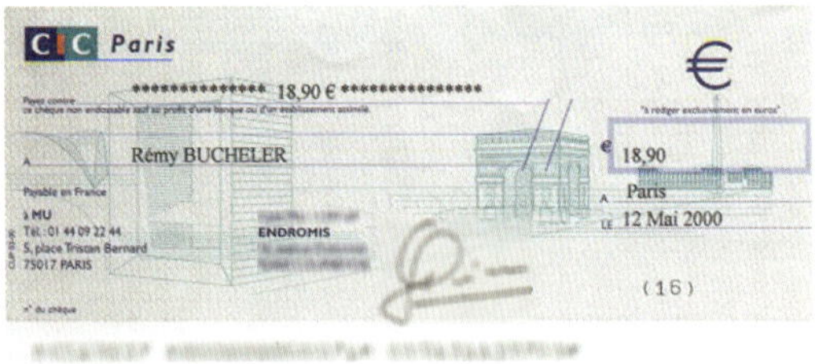

L'EURO

L'euro est la monnaie commune des 25 États de l'Union européenne (UE) et la monnaie unique de 12 États membres. Le symbole ISO 4217 de l'euro est EUR, le symbole usuel est €. Il est divisé en 100 cents.
Toutes les pièces en euro ont une face en commun (1, 2 et 5 eurocents : l'Europe dans le monde ; 10, 20 et 50 eurocents : l'Europe comme une alliance d'États ; 1 et 2 euros : l'Europe sans frontières) et une face spécifique au pays d'où la pièce est émise. Les billets, quant à eux, ont une maquette commune à toute la zone euro. Les ponts, portes et fenêtres des billets symbolisent l'ouverture de l'Europe sur le reste du monde et les liens entre les peuples.

LEÇON 8

JE ME SENS FATIGUÉE

- les verbes pronominaux et les verbes du deuxième groupe au présent de l'indicatif

- les activités quotidiennes en verbes pronominaux
- la durée
- la fréquence
- les parties du corps
- la santé

- la Sécurité sociale

Chez un médecin

Valérie : Bonjour, docteur.

Docteur : Bonjour, mademoiselle. Comment *vous sentez*-vous?

Valérie : Eh bien, j'ai de la fièvre et j'ai mal à la tête.

Docteur : Vous toussez?

Valérie : Un peu, ...et j'ai très mal à la gorge.

Docteur : Je crois que vous êtes grippée. Mais je vais quand même vous examiner.

Après l'examen

Docteur : Ce n'est pas grave : c'est une petite grippe. Je vais vous faire une ordonnance.

Valérie : Merci, docteur. Mais il me faut aussi un revitalisant. Je *me sens* extrêmement fatiguée, je dors mal et je n'ai plus d'appétit.

Docteur : Depuis combien de temps?

Valérie : Ça fait une ou deux semaines.

Docteur : Vous avez beaucoup de travail en ce moment?

Valérie : Oui, ces jours-ci, j'ai pas mal d'exposés à préparer.

Docteur : Je pense que vous êtes surmenée. Vous *vous servez* beaucoup de l'ordinateur, n'est-ce pas?

Valérie : En effet, docteur.

Docteur : Quand on reste longtemps devant l'ordinateur, on *finit* par avoir mal aux yeux, au dos... Il faut donc *vous détendre* de temps en temps : faire du yoga, du stretching, etc.

Valérie : C'est entendu, docteur! Bonne journée!

Docteur : Au revoir, mademoiselle.

docteur	fièvre	gorge	examen	grippe	ordonnance
revitalisant	appétit	moment	exposé	dos	yoga
stretching	grippé	grave	surmené	entendu	se sentir
tousser	croire	examiner	falloir	dormir	préparer
se servir	rester	finir	se détendre	extrêmement	longtemps
depuis	eh	un peu	quand même	en effet	
de temps en temps					

Le présent de l'indicatif des verbes pronominaux

SE LAVER

je	**me**	lave	nous	**nous**	lavons
tu	**te**	laves	vous	**vous**	lavez
il	**se**	lave	ils	**se**	lavent
elle	**se**	lave	elles	**se**	lavent

Vous **vous lavez**.
Vous ne **vous lavez** pas.
Vous lavez-vous?

Valérie **se lave**.
Valérie **se lave** les mains.

Valérie et François **s'aiment**.
Valérie et François **s'écrivent**.

❶ Complétez avec les verbes entre parenthèses au présent de l'indicatif.

1. Tu ____________ tôt? (se lever)
2. Elle ____________ très à la mode. (s'habiller)
3. Vous ____________ à quelle heure? (se coucher)
4. Nous ne ____________ pas souvent. (se voir)
5. Je ____________ souvent après le travail. (se promener)
6. Ils ____________ depuis longtemps. (ne pas se parler)
7. On ____________ encore (s'aimer).

Le présent de l'indicatif des verbes du deuxième groupe

FINIR

je	fin**is**	nous	fin**issons**
tu	fin**is**	vous	fin**issez**
il	fin**it**	ils	fin**issent**
elle	fin**it**	elles	fin**issent**

❷ Complétez avec les verbes entre parenthèses au présent de l'indicatif.

1. Tu ____________ le travail à quelle heure? (finir)
2. Vous ____________ 《oui》 ou 《non》! (choisir)
3. Elle ____________ facilement. (rougir)

Les activités quotidiennes en verbes pronominaux

se réveiller	se rendre (à)
se lever	s'intéresser (à)
se préparer	se servir (de)
se laver	se promener
se raser	s'amuser
se maquiller	se changer
se coiffer	se reposer
s'habiller	se coucher

Valérie **se réveille** et **se lève** vers 7 heures et demie. Ensuite, elle **se prépare** : elle **se lave, se maquille, s'habille** et **se coiffe**. Puis, elle **se rend** à la fac en métro. Elle **s'intéresse** à la littérature. Elle **se sert** de l'ordinateur pour ses études. Après le déjeuner, elle **se promène** et **s'amuse** avec ses amis. Rentrée à la maison, elle **se change** et **se repose**. Vers 11 heures, elle **se couche**.

La durée

Depuis quand dormez-vous mal?
— Je dors mal **depuis** la semaine dernière.

Depuis combien de temps dormez-vous mal?
— Je dors mal **depuis** une semaine.
— **Ça fait** une semaine **que** je dors mal.
— **Il y a** une semaine **que** je dors mal.

Vous allez voyager **pendant** combien de temps?
— Une semaine.

❶ Et vous? Racontez votre journée habituelle.

❷ Vous étudiez le français depuis combien de temps?

❸ Si vous voyagez en Europe, vous allez rester en France pendant combien de temps?

La fréquence

François va **souvent** au cinéma.
Valérie va **quelquefois** au cinéma.
Jean va **de temps en temps** au cinéma.
Sylvie ne va **jamais** au cinéma.

❹ Et vous, vous allez souvent au cinéma?

Les parties du corps

Astérix est petit et mince ; Obélix est grand et gros.
Astérix a les yeux bleus ; Obélix a les yeux bruns.
Astérix a les cheveux blonds ; Obélix a les cheveux roux.

❺ Décrivez votre ami(e)!

La santé

Qu'est-ce qui ne va pas?
— Je ne me sens pas bien.
— Je me sens mal.

Où avez-vous mal?
— J'ai mal aux yeux, à la tête, au ventre...
— Je suis enrhumé(e) : j'ai de la fièvre et je tousse.

❻ Et vous, vous êtes en bonne santé?

LA SÉCURITÉ SOCIALE

Les insuffisances et les limites de l'assistance dans le cadre familial ou professionnel ont donné naissance dès le début du XXe siècle aux premières tentatives de création d'une sécurité sociale. Et en 1945 ont apparu ses principes et sa forme en vigueur aujourd'hui.

La《Sécurité sociale》comprend plusieurs branches : l'assurance maladie, l'assurance accidents du travail et maladies professionnelles, les prestations familiales, l'assurance vieillesse, etc.

Par ailleurs, les Français sont, en Europe, les premiers consommateurs de médicaments. En 2004, la dépense courante de santé a atteint 183,5 milliards d'euros, soit en moyenne 2.951 euros par habitant. Cela représente 10,5% du Produit intérieur brut (PIB).

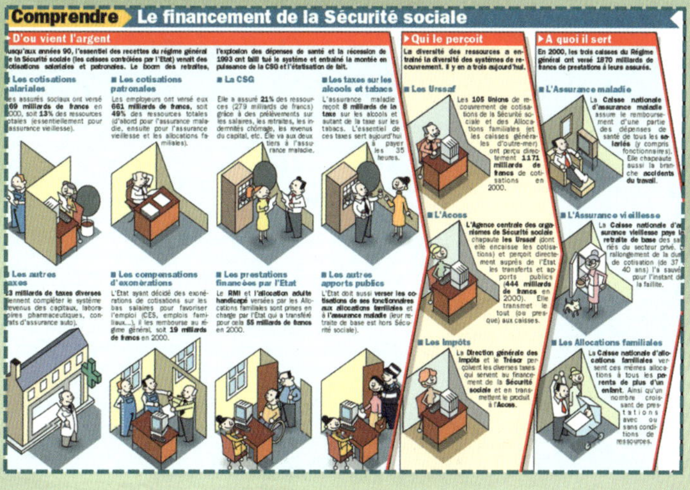

LEÇON 9

VOUS VOUS ÊTES BIEN AMUSÉS?

- le participe passé
- le passé composé

- le remerciement
- l'exclamation
- *à / en / aux*
- la famille

- les vacances des Français
- *L'Éternité*

Dans la rue

Mme Mercier : Bonjour, madame Lambert! Vous allez bien?

Mme Lambert : Très bien, merci. Et vous-même?

Mme Mercier : Ça va. Vous êtes bien bronzée!

Mme Lambert : Eh oui! Nous *sommes allés* sur la Côte d'Azur.

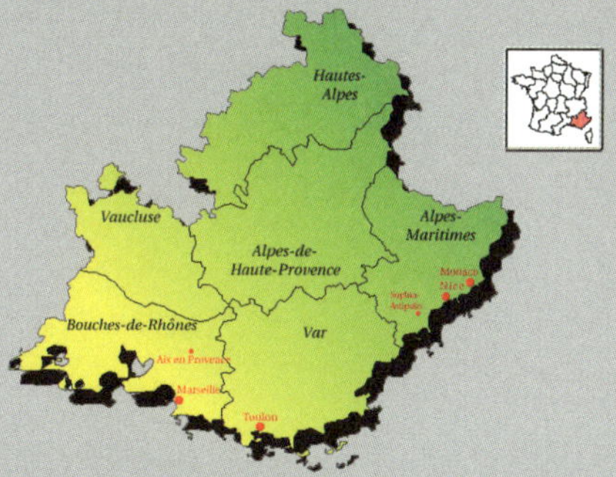

Mme Mercier : C'est une belle région, la Côte d'Azur! Alors, vous *vous êtes* bien *amusés*?

Mme Lambert : Mais oui! Nous *sommes descendus* dans un petit hôtel près de Nice. Le premier jour, nous *nous sommes promenés* dans le vieux quartier de Nice. Le lendemain, nous *nous sommes baignés*. Et le dernier jour, nous *avons visité* le musée Picasso. Nous sommes bien contents de notre séjour sur la Côte d'Azur. Et vous, vous n'*êtes* pas *partis* en vacances?

Mme Mercier : Hélas, non! Jean *a eu* un accident de voiture. Il *s'est cassé* une jambe. Alors, *nous sommes restés* à Paris.

Mme Lambert : C'est dommage! Il va mieux maintenant?

Mme Mercier : Oui, il va beaucoup mieux, merci.

la Côte d'Azur	région	quartier	séjour	accident	dommage
même	bronzé	vieux	content	descendre	se baigner
mieux	près	hélas			

Le participe passé

-er → é : parl**er** → parl**é**
-ir → i : fin**ir** → fin**i**

avoir	eu	lire	lu
être	été	voir	vu
aller	allé	pouvoir	pu
venir	venu	vouloir	voulu
faire	fait	savoir	su
prendre	pris	devoir	dû
mettre	mis	naître	né
partir	parti	mourir	mort

❶ Trouvez les participes passés.

1. visiter :
2. choisir :
3. acheter :
4. avoir :
5. être :
6. faire :
7. comprendre :
8. sortir :
9. ouvrir :
10. connaître :

Le passé composé (I)

Le présent de l'indicatif de *avoir* + le participe passé

Elle **a fini** son travail.
Elle n'**a** pas **fini** son travail.
A-t-elle **fini** son travail?

Elle a acheté cette écharpe hier.
Elle l'a acheté**e** hier.
Quelle écharpe a-t-elle acheté**e** hier?

❷ Complétez avec les verbes entre parenthèses au passé composé.

1. Elle ____________________ son ami à la gare. (rencontrer)
2. Je ____________________ des nouvelles de François. (avoir)
3. Nous ____________________ le métro. (prendre)
4. Ils ________________ Paris. (quitter)
5. On ____________________ un film superbe. (voir)

Le passé composé (II)

Le présent de l'indicatif de *être* + le participe passé

- **Les verbes de déplacement :** aller, venir, entrer, sortir, arriver, partir, monter, descendre, naître, mourir, tomber, passer, devenir, rester, rentrer, etc.

  Elle **est partie**.
  Elle n'**est** pas **partie**.
  Est-elle **partie**?

- **Les verbes pronominaux**

  Il **s'est lavé**.
  Il ne **s'est** pas **lavé**.
  S'est-il **lavé**?

  Elle s'est lavé**e**.
  Ils se sont lavé**s**.

  Elle s'est lavé les mains.
  Ils se sont écrit des lettres.

❸ Complétez avec les verbes entre parenthèses au passé composé.

1. Ils ______________ dans le train. (monter)
2. François et moi, nous __________ dans les Alpes. (aller)
3. Elles ______________ un an en Normandie. (ne pas rester)
4. Sylvie, tu ________________ à quelle heure? (rentrer)
5. Jeanne d'Arc ______________ en 1412 et ______________ en 1431. (naître / mourir)
6. Ils ____________________ (se téléphoner).
7. Elles ______________ dans le métro. (se rencontrer)
8. Valérie, tu ______________ tôt? (ne pas se lever)
9. Elle ___________________ les cheveux. (se laver)
10. Nous ___________________ l'été dernier. (se marier)

Le remerciement

Merci (beaucoup)!
Je vous remercie (beaucoup).

Je vous en prie.
De rien.
Ce n'est rien.
Il n'y a pas de quoi.

L'exclamation

Oh! Mon Dieu!
Quelle surprise!
C'est beau, la Côte d'Azur**!**
Que c'est beau, la Côte d'Azur**!**
Comme c'est beau, la Côte d'Azur**!**

à / en / aux

Cet été, les Dubois sont allés **à** Nice.

L'année dernière, ils ont voyagé **au** Japon et **en** Chine.

L'année prochaine, ils vont voyager **aux** États-Unis.

❶ Complétez.

1. Ils vont ______________ Genève.
2. Nous allons ______________ Portugal.
3. Elle reste ______________ Pays-Bas.
4. J'habite ______________ Normandie.
5. Il va ______________ Bretagne.

《Le Mont-Saint-Michel apparaît (...)
comme une chose sublime, une pyramide merveilleuse.》
Victor Hugo

La famille

Les DUBOIS

❷ Complétez.

1. Jean est (   ) de Vincent.
2. Vincent est (   ) de Pierre.
3. Marie est (   ) de Sophie.
4. Bernard est (   ) de Vincent.
5. Valérie est (   ) de Sophie.

Jean et Mirelle sont les **grands-parents** de Valérie et de Paul.
Paul est le **petit-fils** de Jean et de Mireille.
Valérie est la **petite-fille** de Jean et de Mireille.
Paul et Valérie sont les **petits-enfants** de Jean et de Mireille.

Bernard et Françoise sont les **parents** de Valérie et de Paul.
Paul est le **fils** de Bernard et de Françoise.
Valérie est la **fille** de Bernard et de Françoise.
Paul et Valérie sont les **enfants** de Bernard et de Françoise.

Valérie est la **sœur** de Paul.

Paul est le **neveu** de Pierre.
Valérie est la **nièce** de Pierre.

LES VACANCES DES FRANÇAIS

Les Français restent majoritairement dans leur pays pendant les vacances (89,2% des séjours). Les vacances préférées des Français se déroulent toujours à la mer, même si la montagne est la plus prisée pour les séjours d'hiver. Le Sud et la Côte d'Azur sont donc toujours les régions les plus visitées.

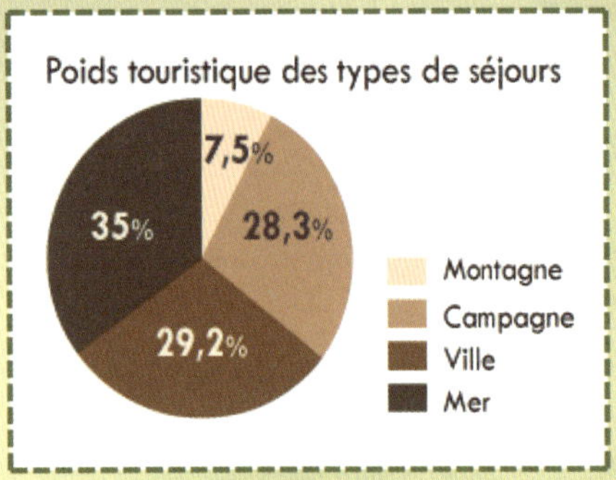

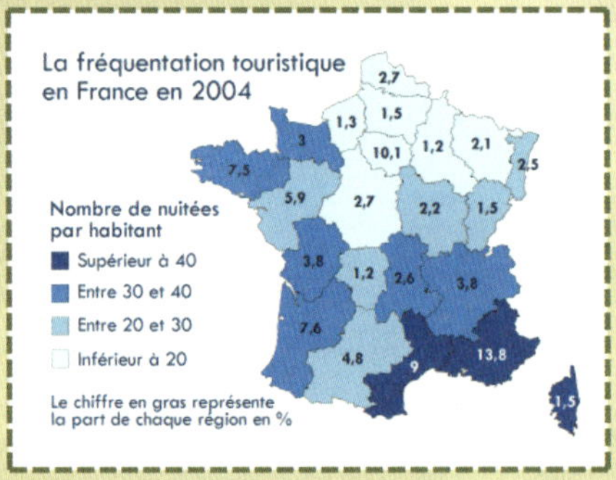

L'Internaute (2005)

Mais, aujourd'hui, de nouvelles pratiques se développent : les Français préfèrent le tourisme intelligent au bronzage《idiot》. Les Français semblent en effet redécouvrir le riche patrimoine historique et culturel de leurs régions. Celles-ci essayent de mettre en avant leurs petites églises, les villages pittoresques ou les musées à thème en cherchant à développer un tourisme ludique. Car les principaux concurrents sont les parcs à thèmes : Eurodisney, le Futuroscope de Poitiers, Vulcania en Auvergne, etc.

L'Éternité

Arthur Rimbaud

Elle est retrouvée.
Quoi? - L'Éternité.
C'est la mer allée
Avec le soleil.

Âme sentinelle,
Murmurons l'aveu
De la nuit si nulle
Et du jour en feu.

Des humains suffrages,
Des communs élans
Là tu te dégages
Et voles selon.

Puisque de vous seules,
Braises de satin,
Le Devoir s'exhale
Sans qu'on dise : enfin.

Là pas d'espérance,
Nul orietur*,
Science avec patience,
Le supplice est sûr.

Elle est retrouvée.
Quoi? - L'Éternité.
C'est la mer allée
Avec le soleil.

Mai 1872.

* orietur : se lèvera

LEÇON 10

ALLEZ TOUT DROIT!

- le participe présent et le gérondif
- l'impératif
- la localisation
- indiquer le chemin
- les transports en commun parisiens

Devant la Cathédrale de Notre-Dame de Paris

Maria : Pardon, monsieur. Pour aller au Panthéon?

Jean : En métro ou à pied?

Maria : À pied. C'est loin?

Jean : Oui, c'est assez loin. *En prenant* le métro, vous pouvez le trouver plus facilement.

Maria : Ah bon? Mais je préfère marcher dans les rues de Paris.

Jean : Et bien, vous voyez la Seine là-bas?

Maria : Oui, je vois.

Jean : *Traversez* le fleuve par le pont. Puis, *prenez* la rue St-Jacques *et allez* tout droit. Ensuite, *tournez* à la troisième rue à gauche. C'est la rue Soufflot. Et là, *continuez* tout droit. Le Panthéon se trouve au bout de la rue.

Maria : Merci beaucoup, monsieur.

Jean : De rien, mademoiselle.

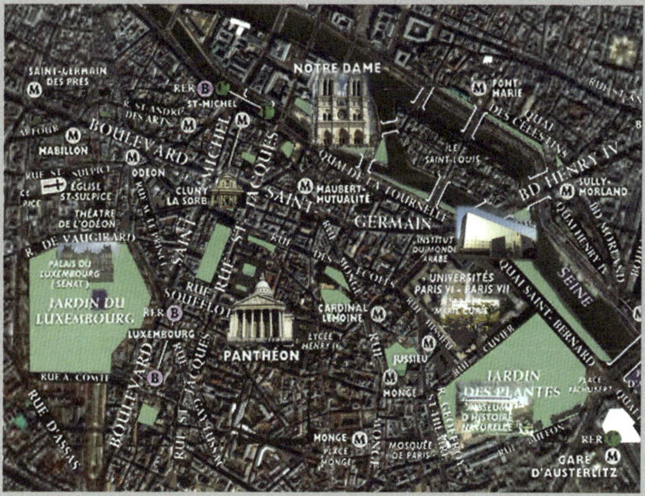

cathédrale	pardon	Panthéon	Seine	fleuve	pont
gauche	Soufflot	traverser	tourner	continuer	assez
là-bas	tout	droit	au bout de		

Le participe présent et le gérondif

• **Le participe présent**

(nous) parlons	:	parl**ant**
(nous) avons	:	**ayant**
(nous) sommes	:	**étant**
(nous) savons	:	**sachant**

Nous cherchons une secrétaire **parlant** plusieurs langues.

• **Le gérondif** : **en + le participe présent**

Quand je travaille, j'écoute de la musique.
→ **En travaillant**, j'écoute de la musique.

Parce que je suis partie trop tard, j'ai raté mon avion.
→ **En partant** trop tard, j'ai raté mon avion.

Si vous prenez le métro, vous pouvez trouver facilement le Panthéon.
→ **En prenant** le métro, vous pouvez trouver facilement le Panthéon.

❶ Complétez avec les participes présents.

1. Je regarde les enfants ____________ dans le jardin. (jouer)
2. J'ai vu Paul _________________ de l'école. (sortir)
3. __________________ son manteau, il est parti rapidement. (prendre)

❷ Reliez les deux propositions en utilisant le gérondif.

Quand je pars, je ferme la porte.
➡ *En partant*, je ferme la porte.

1. Vous ne devez pas parler quand vous mangez.
2. Parce qu'elle travaille comme hôtesse de l'air, elle voyage beaucoup.
3. Si tu conduis trop vite, tu peux provoquer un accident.

Le chat **parti**, les souris dansent.
L'appétit vient **en mangeant**.
La fortune vient **en dormant**.
C'est **en forgeant** qu'on devient forgeron.

L'impératif

Tu parles. → **Parle!**
Tu finis le travail. → **Finis** le travail!
Tu prends le métro.
→ **Prends** le métro!

	AVOIR	ÊTRE	SAVOIR
(tu)	aie	sois	sache
(nous)	ayons	soyons	sachons
(vous)	ayez	soyez	sachez

	VOULOIR	ALLER
(tu)	veuille	va
(nous)	veuillons	allons
(vous)	veuillez	allez

Sois sage!
Va à l'école!

- **Donne-moi** ce livre!
  Lève-toi!
  Invitez-la, votre amie Sylvie!

- **Ne me donne pas** ce livre!
  Cette robe est trop chère. **Ne l'achetons pas**!

❸ Mettez à l'impératif.

Tu me regardes.
➡ Regarde-moi!

1. Tu me réponds.

2. Tu te lèves tôt le matin.

3. Vous m'envoyez un e-mail.

4. Vous n'avez pas peur.

5. Tu vas voir ton prof aujourd'hui.

La localisation

L'église est **derrière** la mairie.
La poste est **devant** l'école.
La bibliothèque est **en face de** l'église.
Le cinema est **à côté de** la poste.
La pharmacie est **entre** le café **et** l'hôpital.

Indiquer le chemin

aller [continuer] tout droit 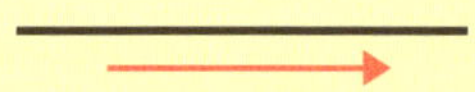

tourner à gauche [à droite] 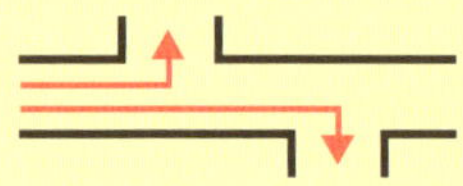

prendre la première [deuxième] rue à gauche [à droite] 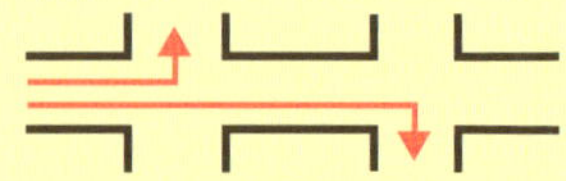

traverser la rue 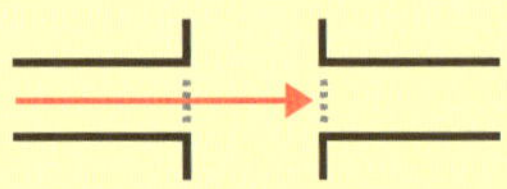

❶ Vous êtes à l'Opéra Garnier avec votre amie étrangère. Elle doit prendre le train à la Gare Saint-Lazare. Vous lui expliquez comment aller à la gare.

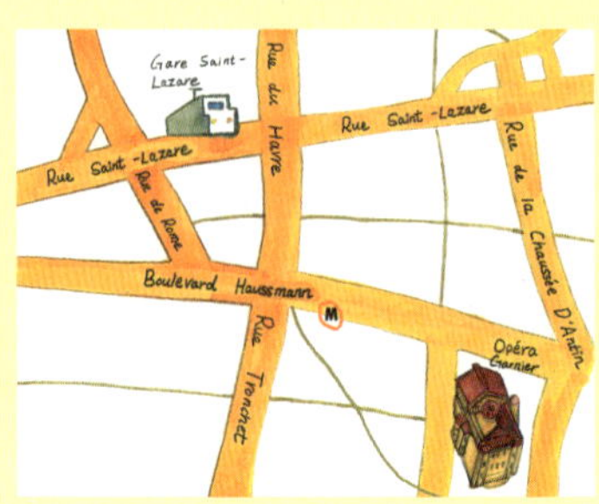

LES TRANSPORTS EN COMMUN PARISIENS

1. LE MÉTRO

L'ouverture de la première ligne de métro : le 19 juillet 1900 (la ligne 1).

15 lignes et 368 stations (dont 87 correspondances).

Le réseau ferré : 212 km de lignes.

Le nombre de voyageurs : 1.250 millions par an.

2. LE RÉSEAU EXPRESS RÉGIONAL (R.E.R.)

L'ouverture de la première ligne de R.E.R. : le 14 décembre 1969 (la ligne A).

5 lignes : A, B, C, D et E.

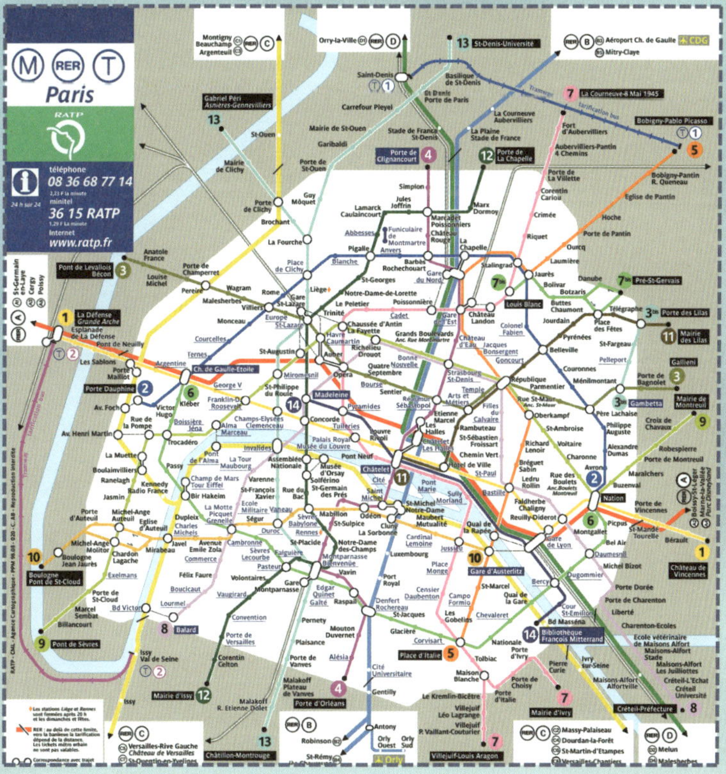

LEÇON 11

LA QUALITÉ DE LA VIE SERA-T-ELLE MEILLEURE?

- le futur simple
- le comparatif et le superlatif
- situer dans le temps
- *si / tellement / tant*
- le Futuroscope

Jean	:	Comment tu vois ton avenir?
François	:	Je *trouverai* un travail intéressant. Je *me marierai* et *j'aurai* des enfants.
Jean	:	Moi, j'ai peur de ne pas trouver de travail. Il y *aura* de moins en moins de travail et de plus en plus de chômeurs.
François	:	Pourtant, on *aura plus de* temps pour les loisirs, et justement, cela peut créer des emplois. La vie *sera plus* facile grâce à la technologie moderne.
Jean	:	Mais la qualité de la vie *sera*-t-elle *meilleure*? Quand on pense à la pollution...
François	:	Ne t'inquiète pas. On *utilisera* des voitures électriques ou hybrides. Comme ça, il y *aura moins de* pollution. Tu ne crois pas?
Jean	:	Si, mais les eaux et le sol sont également pollués. Et bientôt, on *manquera* d'eau dans plusieurs pays. Tu vois, l'avenir n'est pas si rose.

avenir	chômeur	loisir	emploi	grâce
technologie	qualité	pollution	sol	facile
meilleur	électrique	hybride	pollué	rose
créer	utiliser	manquer	pourtant	justement
également	de moins en moins (de)		de plus en plus (de)	

Le futur simple

TROUVER	
je	trouver**ai**
tu	trouver**as**
il	trouver**a**
elle	trouver**a**
nous	trouver**ons**
vous	trouver**ez**
ils	trouver**ont**
elles	trouver**ont**

AVOIR		ÊTRE	
j'	**aurai**	je	**serai**
tu	**auras**	tu	**seras**
il	**aura**	il	**sera**
elle	**aura**	elles	**sera**
nous	**aurons**	nous	**serons**
vous	**aurez**	vous	**serez**
ils	**auront**	ils	**seront**
elles	**auront**	elles	**seront**

- Je **trouverai** un travail intéressant.
- Vous **répondrez** à mes questions.

❶ Complétez avec les verbes entre parenthèses au futur simple.

1. Je ______________ mon travail samedi. (finir)
2. Cela ______________ du temps. (prendre)
3. Elle ______________ de retour demain soir. (être)
4. Nous ______________ à Nice cet été. (aller)
5. Il ______________ beau demain. (faire)
6. Ils ______________ la semaine prochaine. (venir)
7. Elle ______________ une cravate pour son mari. (acheter)
8. Je ____________________ vous répondre tout à l'heure? (pouvoir)

Le comparatif et le superlatif

- **Le comparatif**

François est **plus [aussi/moins]** grand **que** Jean.

Valérie parle **plus [aussi/moins]** vite **que** Sylvie.

François a **plus [autant/moins] d'**amis **que** Jean.

- **Le superlatif**

Valérie est **la plus [la moins]** grande **de** ses amies.

Valérie parle **le plus [le moins]** vite **de** sa famille.

Valérie a **le plus [le moins] d'**amis **de** sa classe.

- **Les comparatifs et les superlatifs irréguliers**

bon(ne)(s) → meilleur(e)(s)
le [la / les] meilleur(e)(s)
bien → mieux / le mieux
beaucoup → plus / le plus
peu → moins / le moins

En maths, Paul est **le meilleur** de sa classe.

Valérie chante **mieux** que moi.

Jean travaille **plus** que son frère.

Sylvie a fait **le moins** de fautes.

❷ Mettez les mots entre parenthèses au comparatif ou au superlatif.

Paul est (gentil) que Jean. (+)
➡ Paul est *plus gentil* que Jean.

La Russie est le pays (grand) du monde. (+)
➡ La Russie est le pays *le plus grand* du monde.

1. Valérie est (sympa) que Sylvie. (+)

2. En France, il pleut (souvent) qu'en Angleterre. (-)

3. Il gagne (beaucoup) d'argent que son père. (=)

4. François travaille (bien) que Jean. (+)

5. L'après-midi, je fais (peu) d'exercices que le matin. (+)

6. Elle est (paresseuse) de sa famille. (+)

7. Il court (vite) de sa classe. (-)

8. Valérie est ma (bonne) amie. (+)

avant	**maintenant**	**après**
hier	aujourd'hui	demain
la semaine dernière	cette semaine	la semaine prochaine
le mois dernier	ce mois-ci	le mois prochain
l'année dernière	cette année	l'année prochaine

- On doit se laver les mains **avant** le repas, se brosser les dents **après** le repas.
- **Hier**, j'ai reçu un coup de fil de mon client anglais.

  Aujourd'hui, je prépare le dossier.

  Demain, j'irai en Angleterre en train par le Tunnel sous la Manche.

- **La semaine dernière**, je n'ai pas pu voir François.

  Je vais le voir **cette semaine**.

  Et **la semaine prochaine**, nous irons faire du vélo à la campagne.

- Qu'est-ce que nous allons devenir **dans** dix ans?

  J'ai voyagé en Europe **il y a** trois ans.

  J'habite à Paris **depuis** cinq ans.

❶ Qu'est-ce que vous avez fait hier?

❷ Qu'est-ce que vous allez faire la semaine prochaine?

si [tellement (de) / tant (de)] ... que

Il est **si** [**tellement**] occupé **qu**'il n'a pas le temps de se reposer.

Il travaille **tellement qu**'il est fatigué.

Il a **tant** [**tellement**] **de** travail **qu**'il ne peut pas rentrer tôt.

❸ Complétez avec *si, tellement* (*de*) ou *tant* (*de*).

1. Il est ______________ malade qu'il ne peut pas marcher.
2. Il y a ______________ de monde que nous ne prouvons pas entrer.
3. Il a ______________ de soucis qu'il n'arrive pas à dormir.

LE FUTUROSCOPE

Le Futuroscope, situé à côté de Poitiers, est un parc d'attractions futuriste ouvert depuis 1987. Composé d'un ensemble de bâtiments à l'architecture futuriste, le Parc exploite les procédés les plus récents de visualisation de l'image et commence à tirer parti du potentiel des nouvelles technologies de l'information et de la communication : plonger à la vitesse de l'éclair dans la cité de l'Atlantide avec *Le Défi d'Atlantis*, traverser les zones de turbulences de *Superstition*, vibrer à 360° au rythme fou de *Couleur Brésil*, affronter les bugs qui envahissent *CyberWorld*, explorer le fabuleux monde marin d'*Océan Oasis*... On peut également voir des films en trois dimensions sur des écrans géants, plats, circulaires ou sphériques. Le spectateur, dans le siège qui bouge avec les images, est au centre de l'image comme dans la réalité. Et surtout avec le tapis magique, le spectateur est au-dessus de l'écran ; il a l'impression de voler.

La Cité du Numérique

Kinémax

LEÇON 12

IL PLEUVAIT TRÈS FORT!

- l'imparfait de l'indicatif
- le pronom relatif *où*

- s'excuser
- la construction impersonnelle
- les panneaux routiers

- les média
- *Il est trop tard*

Valérie	:	Je suis vraiment désolée d'être en retard.
Mme Dubois	:	Tu as vu l'heure? On doit prendre le train de 19 heures. Je t'ai dit de rentrer tôt, non?
Valérie	:	Oui, maman. Mais au moment *où* je suis sortie de la maison, il *pleuvait* très fort. Alors, j'ai pris la voiture. Mais il y *avait* des embouteillages partout.
M. Dubois	:	Quand il pleut, il vaut mieux prendre le métro.
Valérie	:	Je sais, mais Sylvie *voulait* acheter une imprimante. Elle *avait* besoin d'une voiture.
Mme Dubois	:	Alors, tu l'as raccompagnée chez elle?
Valérie	:	Oui, maman. Mais...
Mme Dubois	:	Qu'est-ce que tu as encore?
Valérie	:	Euh... j'ai eu une contravention.
M. Dubois	:	Comment ça?
Valérie	:	Je me suis garée sous un panneau d'interdiction de stationnement.
M. Dubois	:	Tu n'as pas vu le panneau?
Valérie	:	Si, mais il n'y *avait* plus de place libre. Alors, je n'*avais* pas le choix.
M. Dubois	:	C'est incroyable! Moi, je conduis depuis plus de 20 ans, mais je n'ai jamais eu de contravention!
Mme Dubois	:	Calme-toi, mon chéri! Dépêchons-nous! Nous sommes déjà en retard.

retard	maman	moment	embouteillage	imprimante
contravention	panneau	interdiction	stationnement	choix
chéri	incroyable	dire	raccompagner	se garer
se calmer	se dépêcher	vraiment	partout	sous
euh				

L'imparfait de l'indicatif

AVOIR		ÊTRE	
j'	av**ais**	j'	ét**ais**
tu	av**ais**	tu	ét**ais**
il	av**ait**	il	ét**ait**
elle	av**ait**	elle	ét**ait**
nous	av**ions**	nous	ét**ions**
vous	av**iez**	vous	ét**iez**
ils	av**aient**	ils	ét**aient**
elles	av**aient**	elles	ét**aient**

- Valérie **avait** les cheveux longs, quand elle **était** lycéenne.

  Il **pleuvait** fort, quand je suis sortie de la maison.
- Je **faisais** une promenade tous les matins.
- Si on **allait** au cinéma?

Le pronom relatif *où*

- C'est la maison **où** j'ai passé mon enfance.
- Au moment **où** je suis sortie de la maison, il pleuvait très fort.

❶ Complétez avec les verbes entre parenthèses à l'imparfait de l'indicatif.

1. Le dimanche, nous ____________ l'après-midi chez ma grand-mère. (passer)
2. Je ____________ mes devoirs après le dîner. (faire)
3. Nous ____________ dans la forêt. (se promener)
4. Quand ma mère __________ petite, le DVD ____________. (être / ne pas exister)
5. On ____________ souvent dehors. (manger)
6. Les cours ____________ toujours à 9 heures. (commencer)
7. Si nous ____________ un verre ce soir? (prendre)

❷ Reliez les deux propositions par le pronom relatif *où*.

1. Voilà l'usine Renault. On fabrique des automobiles dans cette usine.
2. J'habite dans le Centre. Dans cette région, il y a beaucoup de châteaux.
3. Je suis allée à Londres un jour. Il faisait très froid ce jour-là.

s'excuser

Je suis vraiment désolé(e) [navré(e)].
Excusez-moi!

Il n'y a pas de quoi.
Ça ne fait rien.
Je vous en prie.

❶ Vous êtes en retard. Vous vous excusez auprès de votre ami(e).

La construction impersonnelle

Il y a du monde.

Il faut de l'argent pour vivre.

Il faut gagner de l'argent.

Il me **manque** 10 euros.

Il arrive souvent des accidents de voiture sur les autoroutes.

Il se passe des choses graves dans le monde.

Il vaut mieux prendre le métro.

Il s'agit d'un problème politique.

Il n'**y a** pas de rose sans épine.

Il n'**y a** pas de sot métier.

Il n'**y a** point de fumée sans feu.

Il faut battre le fer pendant qu'il est chaud.

Il ne **faut** pas mettre les armes aux mains d'un furieux.

Il ne **faut** jurer de rien.

Quand le vin est tiré, **il faut** le boire.

Les panneaux routiers

STATIONNEMENT INTERDIT

ARRÊT INTERDIT

SENS INTERDIT

LES MÉDIA

1. LA PRESSE

- Les journaux :
  《Le Monde》, 《Le Figaro》,
  《Libération》, 《Ouest-France》,
  《Le journal des finances》,
  《L'Équipe》...
- Les magazines :
  《Le Nouvel Observateur》,
  《L'Express》, 《Magazine littéraire》,
  《Elle》, 《Télérama》...

2. LA TÉLÉVISION ET LA RADIO

- Les émissions : journal télévisé, reportage, documentaire, émission culturelle, émission sportive, variétés, jeu, film, série...
- Les chaînes
  — La télévision : TF1, France 2, France 3, Canal+, La 5, M6, Arte...
  — La radio : Radio France, France Info, France Culture, France Inter, RFI...

Il est trop tard

Georges Moustaki

Pendant que je dormais, pendant que je rêvais
Les aiguilles ont tourné, il est trop tard
Mon enfance est si loin, il est déjà demain
Passe passe le temps, il n'y en a plus pour très longtemps

Pendant que je t'aimais, pendant que je t'avais
L'amour s'en est allé, il est trop tard
Tu étais si jolie, je suis seul dans mon lit
Passe passe le temps, il n'y en a plus pour très longtemps

Pendant que je chantais ma chère liberté
D'autres l'ont enchaînée, il est trop tard
Certains se sont battus, moi je n'ai jamais su
Passe passe le temps, il n'y en a plus pour très longtemps

Pourtant je vis toujours, pourtant je fais l'amour
M'arrive même de chanter sur ma guitare
Pour l'enfant que j'étais, pour l'enfant que j'ai fait
Passe passe le temps, il n'y en a plus pour très longtemps

Pendant que je chantais, pendant que je t'aimais
Pendant que je rêvais il était encore temps

《La chanson? C'est du théâtre, un film, un roman, une idée, un slogan, un acte de foi, une danse, une fête, un deuil, un chant d'amour, une arme de combat, une denrée périssable, une compagnie, un moment de la vie. La VIE.》 G. Moustaki

LEÇON 13

ACHÈTES-EN UN LITRE!

- le présent du conditionnel
- la construction emphatique
- les pronoms neutres *en, y* et *le*

- les vêtements
- la quantité
- les indéfinis

- l'aide humanitaire

Mme Dubois : Tu peux me rendre un petit service?

M. Dubois : Oui, de quoi s'agit-il?

Mme Dubois : Si j'avais le temps, je *ferais* les courses. Mais je dois sortir les vieux vêtements de Paul et de Valérie.

M. Dubois : Mais nos enfants n'*en* ont plus besoin! Ils sont grands maintenant!

Mme Dubois : C'est pour *en* faire don aux orphelinats.

M. Dubois : Qu'est-ce que tu es généreuse! Bon, *c'est* moi *qui* vais au marché aujourd'hui. Alors, qu'est-ce que je dois acheter?

Mme Dubois : Des œufs, prends-*en* une douzaine et du sucre, un kilo.

M. Dubois : Et du beurre?

Mme Dubois : J'*en* ai encore, mais j'ai besoin de lait. Achètes-*en* un litre!

M. Dubois : C'est tout?

Mme Dubois : Attends! Il me faut aussi de la farine. Prends-*en* un paquet!

M. Dubois : D'accord. Tu vas faire un gâteau au chocolat, n'est-ce pas?

Mme Dubois : C'est ça, tu *l'*as deviné! Ah, du chocolat, n'oublie pas d'*en* acheter une plaque!

M. Dubois : Ne t'*en* fais pas! J'*y* penserai.

Ingrédients du gâteau au chocolat

200g de chocolat noir
125g de beurre
100g de farine
4 œufs
200g de sucre
1 pincée de sel
1 sachet de levure ou poudre à pâte

service	course	vêtement	don	orphelinat	douzaine
sucre	kilo	lait	litre	farine	gâteau
chocolat	plaque	généreux / généreuse		attendre	deviner

Le présent du conditionnel

AVOIR			
j'	aur**ais**	nous	aur**ions**
tu	aur**ais**	vous	aur**iez**
il	aur**ait**	ils	aur**aient**
elle	aur**ait**	elles	aur**aient**

- **si + l'imparfait de l'indicatif ..., le présent du conditionnel**

  Si j'**avais** le temps, je **ferais** les courses.
- Je **voudrais** un café.

❶ Mettez les verbes entre parenthèses au présent du conditionnel.

1. Si j'étais à ta place, je (accepter) la proposition de François.
2. S'il avait de l'argent, il (acheter) une nouvelle voiture.
3. Si vous partiez demain, je (aller) vous voir.
4. Je (aimer) bien visiter la Corse. (Pouvoir)-vous m'envoyer une brochure?

La construction emphatique

Je vais chercher Paul à la gare.

- le **sujet** : **c'est [ce sont] ... qui**

  C'est moi **qui** vais chercher Paul à la gare.
- le **COD** : **c'est [ce sont] ... que**

  C'est Paul **que** je vais chercher à la gare.
- le **COI** / le **CC**[1] : **c'est ... que**

  C'est à la gare **que** je vais chercherPaul.

❷ Réécrivez en soulignant les mots en italique.

François a vu Valérie hier.
➡ *C'est François qui* a vu Valérie hier.

1. *Mes enfants* sont sortis de l'école.
2. *Ils* m'ont téléphoné hier.
3. Tu vas voir *tes cousins* demain?
4. J'ai envoyé des lettres *à mes amis.*
5. Je veux visiter les châteaux de la Loire *l'année prochaine.*

1) Le CC : le complément circonstanciel.

Les pronoms neutres

- ***en***

Tu veux *du café*?
— Oui, j'**en** veux.

Vous avez *des frères*?
— Oui, j'**en** ai deux.

Vous voulez un kilo *de pommes*?
— Non, j'**en** veux deux kilos.

Vous venez *de Paris*?
— Non, je n'**en** viens pas.

Tu parles *de ton projet*?
— Oui, j'**en** parle.

Tu parles *de ton amie Valérie*?
— Oui, je parle **d'elle**.

- ***le***

Son frère est *avocat*, sa sœur **l'**est aussi.

François est *gentil*, Valérie **l'**est aussi.

Tu sais *que Sylvie se marie*?
— Oui, je **le** sais.

- ***y***

Vous habitez *à Paris?*
— Oui, j'**y** habite.

Tu penses déjà *aux vacances?*
— Oui, j'**y** pense.

Tu écris souvent *à tes parents?*
— Oui, je **leur** écris souvent.

Tu penses souvent *à tes parents?*
— Oui, je pense souvent **à eux**.

❸ Répondez en remplaçant les mots en italique par des pronoms à la forme convenable.

1. Tu as besoin *de mon dictionnaire* ?

   — Oui, ____________________

2. Tu parles *de tes enfants* ?

   — Non, ____________________

3. Aujourd'hui, tu ne vas pas *à l'école* ?

   — Si, ____________________

4. Vous allez souvent *chez le dentiste* ?

   — Oui, ____________________

5. Vous êtes *étudiante* ?

   — Non, ____________________

Les vêtements

Les couleurs

noir(e)	vert(e)	brun(e)
bleu(e)	gris(e)	violet(te)
blanc(he)	jaune	rouge

❶ Qu'est-ce que vous portez aujourd'hui? Parlez de vos vêtements.

La quantité

beaucoup de monde
assez d'argent
trop de voitures
un peu d'eau
peu de nourriture

une dizaine de livres
une douzaine d'œufs
une vingtaine de personnes
une centaine de visiteurs
un millier de touristes

250 **grammes de** beurre

un **kilo de** pommes de terre

un **litre d'**eau

une **bouteille de** vin

un **paquet de** farine

une **boîte de** bonbons

Les indéfinis

- **Quelqu'un** a téléphoné?
  — Non, **personne** n'a téléphoné.

  Vous cherchez **quelqu'un**?
  — Non, je ne cherche **personne**.

- **Quelque chose** est tombé?
  — Non, **rien** n'est tombé.

  Il y a **quelque chose** d'intéressant dans le journal?
  — Non, **rien** d'intéressant.

- ***tout***

tout	**toute**
tous	**toutes**

Tout le monde est là?
Il vient **tous** les jours.
Il travaille **toute** la journée.

Tout va bien.
C'est **tout**?
Ils viennent **tous**.
Elles viennent **toutes**.

❷ Répondez.

1. Il y a quelqu'un?
   — Non, ______________________
2. Tu vois quelqu'un dans la rue?
   — Non, ______________________
3. Vous avez quelque chose à me dire?
   — Non, ______________________
4. Vous voulez boire quelque chose?
   — Non, ______________________

❸ Complétez avec *tout*.

1. Il fait du jogging ______________ les matins.
2. Mes amis ont ________________ réussi à l'examen.
3. Il a travaillé ______________ la nuit.
4. J'ai ____________________ terminé.

Tout nouveau, **tout** beau.
Tout ce qui brille n'est pas or.
Toute peine mérite salaire.
Tous les chemins mènent à Rome.
Il ne faut pas mettre **tous** ses œufs dans le même panier.

L'AIDE HUMANITAIRE

L'aide humanitaire est une forme de solidarité, généralement destinée aux populations pauvres, sinistrées ou prises dans une guerre. Elle peut répondre à des besoins divers (faim, santé, reconstruction après un sinistre, éducation, protection des enfants, mise en place de réseaux d'eau et de communication...) et prendre diverses formes (dons d'argent, envoi de marchandises et équipements de première nécessité, envoi de personnel faisant des interventions sur place).

L'aide humanitaire provient de diverses sources : les associations (laïques ou confessionnelles, voire idéologiques) et les ONG humanitaires ; les États et autres collectivités publiques ; les organisations internationales publiques, notamment celles dépendant de l'ONU, de l'Union européenne (ECHO) ; les entreprises.

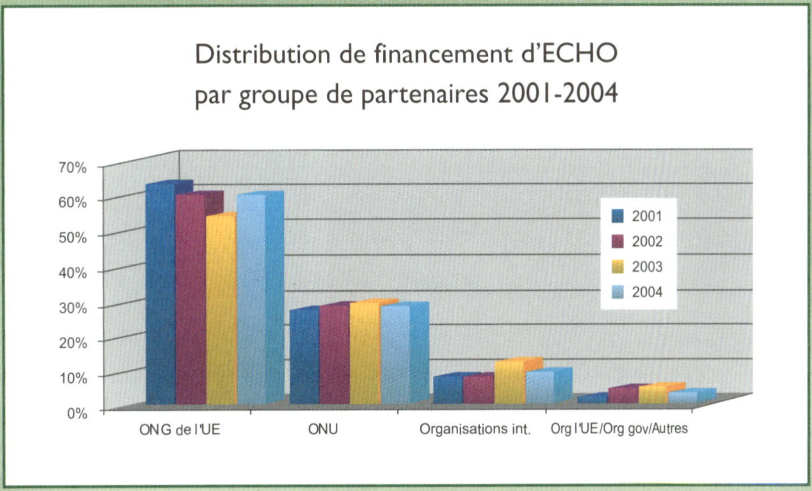

LEÇON 14

LA TOUR EIFFEL A ÉTÉ CONSTRUITE IL Y A PLUS DE 100 ANS

- les pronoms relatifs *qui, que* et *dont*
- la voix passive

- téléphoner
- le discours indirect

- le musée d'Orsay

Au téléphone

Valérie : Allô, maman? C'est moi, Valérie.

Mme Dubois : Mais voyons, où es-tu? Je t'ai appelée plusieurs fois.

Valérie : Je suis avec des touristes.

Mme Dubois : Mais pourquoi?

Valérie : Sylvie travaille comme guide. Mais elle a un gros rhume. Alors, elle m'a demandé de la remplacer.

Mme Dubois : Ah bon? Tu rentres à quelle heure?

Valérie : Vers 8 heures.

Mme Dubois : Allez, bon courage!

Valérie : Merci, maman! À tout à l'heure!

Devant la tour Eiffel

Valérie : La tour Eiffel *que* vous voyez là, c'est notre dernière visite du jour. Avant de monter sur la tour, je vais vous parler un peu de son histoire. La tour *a été construite* en 1889 à l'occasion du centenaire de la Révolution française *dont* je vous ai parlé tout à l'heure dans le car.

Un touriste : Elle a donc plus de 100 ans!

Valérie : Pardon? Je ne vous ai pas bien entendu. Qu'est-ce que vous avez dit?

Un touriste : J'ai dit qu'elle avait plus de 100 ans.

Valérie : Oui, vous avez raison. Mais quand les travaux de construction de la tour *ont été terminés*, certains l'ont détestée. Pourtant, elle est aujourd'hui un symbole de Paris *qui est visité par* plus de 6 millions de personnes par an.

certains	dont	fois	guide	histoire	occasion
centenaire	révolution	car	construction	symbole	million
remplacer	construire	entendre	enfin		

Les pronoms relatifs *qui, que* et *dont*

- Nous allons voir l'écrivain **qui** a écrit ce roman.

  La tour **qui** est devant vous, c'est la tour Eiffel.

- Le docteur **que** nous allons voir demain est très célèbre.

  C'est le symbole de Paris **que** tout le monde connaît.

- C'est pour fêter le centenaire de la Révolution française **dont** je vous ai parlé tout à l'heure.

❶ Complétez les phrases avec des pronoms relatifs.

1. Paris est une des villes __________ attirent beaucoup de touristes.

2. Le peintre __________ j'apprécie tellement est mort.

3. La région __________ nous allons visiter est célèbre pour son vin.

4. Voilà le livre __________ j'ai absolument besoin pour mon travail.

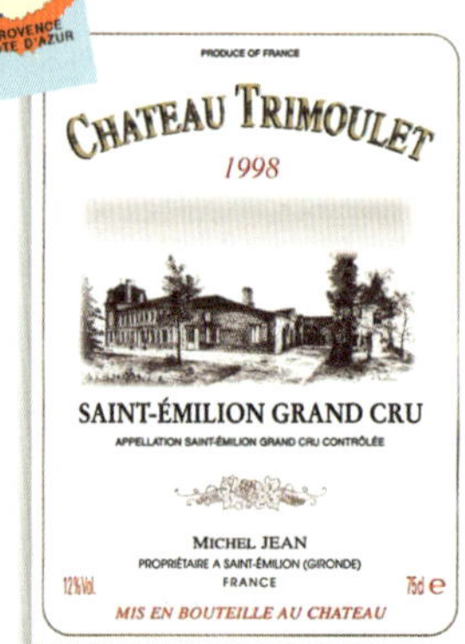

Qui a bu boira.
Qui aime bien châtie bien.
Qui ne risque rien n'a rien.
Qui vole un œuf vole un bœuf.

La voix passive

Phrase active :
sujet (A) + verbe transitif + **COD (B)**

Phrase passive :
sujet (B)+ **être** + **p.p.** + **par** [**de**] +
agent (A)

- Beaucoup de touristes visitent cette région.
  → Cette région **est visitée par** beaucoup de touristes.
- Tout le monde aime Sylvie.
  → Sylvie **est aimée de** tout le monde.
- On a vendu ce tableau très cher.
  → Ce tableau **a été vendu** très cher.

❷ Mettez les phrases à la voix passive.

La guerre a détruit les monuments historiques.
➡ Les monuments historiques *ont été détruits par* la guerre.

1. La police recherche cet homme.

2. L'ouragan ravage le pays.

3. Les Bleus ont battu les Brésiliens.

4. On a publié ce dictionnaire il y a 10 ans.

5. Tout le monde connaît le musée du Louvre.

Téléphoner

— Allô, je voudrais parler à Valérie.

— C'est de la part de qui?
Qui est à l'appareil?

— C'est de la part de François.
François à l'appareil.

— Ne quittez pas, je vous la passe.
Je suis désolé(e), mais elle n'est pas là.
Elle est en ligne. Vous patientez?

— Non, je vais la rappeler dans dix minutes.
Non, je préfère laisser un message.

❶ Vous téléphonez à votre ami(e).
Mais il [elle] n'est pas chez lui [elle].
Faites une communication téléphonique.

Le discours indirect

Je te dis **que** je pars pour la France.

Je te dis **d'**arrêter de fumer.

Je veux savoir **si** Valérie est déjà partie.

Tu sais **où** Valérie habite?

Je vous demande **quand** et **comment** la tour a été construite.

J'aimerais bien savoir **qui** vient ce soir?

Tu sais **qui** j'ai vu hier?

Je vais vous dire **ce qui** m'intéresse.

Vous savez **ce qu**'il veut?

❷ Complétez.

1. Valérie dit à sa mère ____________ Sylvie est malade.

2. Je vous demande ______________ vous calmer.

3. Je vais vous dire _______________ m'a appelé tout à l'heure.

4. Tu sais ________________ Jean a vu Sylvie hier?
   — Oui, il ne l'as pas vue.

5. Tu sais ____________ il est en retard?
   — Parce qu'il est parti trop tard.

LE MUSÉE D'ORSAY

Le musée d'Orsay

Le musée d'Orsay était autrefois une gare. Elle a été construite pour desservir le Sud-Ouest de la France. Mais comme ses quais étaient devenus trop courts pour les trains plus longs, la gare a été fermée en 1939, après 40 ans d'existence. Et elle a été menacéc de démolition pour laisser la place à un gigantesque hôtel. Mais l'idée de transformer la gare en musée a été conçue en 1973. Le musée a été inauguré le 1er décembre 1986 au terme de six années de travaux. Exposées sur trois niveaux, toutes les formes d'art (peinture, sculpture, architecture, objets d'art, mobilier, cinéma, photographie, musique, décor d'opéra) sont présentées dans l'ordre chronologique sur la période allant de 1848 à 1914. Le musée d'Orsay comble ainsi l'espace de temps entre les collections du musée du Louvre et celles du musée d'Art Moderne du Centre Georges Pompidou.

Le Centre Georges Pompidou

LEÇON 15

IL NE FAUT PAS QUE NOUS RESTIONS SANS RIEN FAIRE

- le présent du subjonctif
- l'enchaînement des idées
- l'approbation ou l'objection
- l'Union européenne
- Albert Camus s'explique à propos de《L'Étranger》

Jean : Aujourd'hui, les pays européens ou asiatiques partagent le même goût pour le modèle culturel américain. On mange chez 《Macdo》, on boit le même 《Coca》, et on préfère les films hollywoodiens aux films européens.

François : Cette banalisation de la culture américaine menace la diversité culturelle française, européenne, asiatique...

Valérie : Tu as raison. Il ne faut pas que nous *restions* sans rien faire. À mon avis, il est urgent que l'Union européenne *soit* consolidée.

François : C'est juste. Il est aussi nécessaire que chacun y *mette* de la bonne volonté.

Jean : Bien sûr. Mais j'ai peur que la bonne volonté ne *suffise* pas.

François : Puisque ce problème ne concerne pas seulement les Européens, il faut que nous *coopérions* plus que jamais avec les autres pays du monde, dans un esprit de tolérance et de solidarité.

Macdo	Coca	banalisation	culture	diversité
union	volonté	esprit	tolérance	solidarité
européen	asiatique	culturel	hollywoodien	urgent
consolidé	nécessaire	autre	partager	menacer
suffire	concerner	coopérer	seulement	puisque

Le présent du subjonctif

RESTER	
que je	reste
que tu	restes
qu'il	reste
qu'elle	reste
que nous	restions
que vous	restiez
qu'ils	restent
qu'elles	restent

AVOIR		ÊTRE	
que j'	aie	que je	sois
que tu	aies	que tu	sois
qu'il	ait	qu'il	soit
qu'elle	ait	qu'elle	soit
que nous	ayons	que nous	soyons
que vous	ayez	que vous	soyez
qu'ils	aient	qu'ils	soient
qu'elles	aient	qu'elles	soient

- Je veux que tu **finisses** ton travail aujourd'hui.
- Je ne crois pas que la vie **soit** belle.

  Je doute qu'il **dise** la vérité.
- Je suis content que mes parents **viennent** me voir samedi.

  Je crains qu'il **pleuve** beaucoup pendant notre voyage.
- Il faut qu'on **aille** au marché.

  Il est possible qu'il y **ait** des averses cet après-midi.
- J'irai le voir avant qu'il **parte**.

  J'ai tout fait pour que tout le monde **soit** content.

  Je te prête le livre à condition que tu me le **rendes** demain.

  Bien qu'elle **soit** malade, elle est venue m'encourager.
- Que Dieu vous **bénisse**!
  Advienne que pourra!
  Ainsi **soit**-il.
  Vive le roi!
  Soit le triangle ABC!

❶ Complétez avec les verbes entre parenthèses au présent de l'indicatif ou du subjonctif.

1. Je crois que Sylvie ______________ à la fac. (être)
2. Je ne crois pas que Paul ______________ raison. (avoir)
3. Il est possible qu'il ______________ demain. (pleuvoir)
4. Nous souhaitons qu'on ______________ la pollution. (diminuer)
5. Je ne veux pas que tu ______________ trop d'alcool. (boire)
6. J'espère que Valérie ______________ en retard. (ne pas être)
7. Je dois terminer mes devoirs avant que mes parents ______________.(rentrer)
8. Il faut qu'il ______________ chercher sa fille à l'école avant 4 heures. (aller)

L'enchaînement des idées

Nous avons vu un film **et** nous avons dîné ensemble.

On va au cinéma **ou** on reste à la maison?

Il est fatigué, **mais** il travaille.

Il est fatigué. **Alors [donc]**, il se repose.

Quand je suis arrivé à Londres, il pleuvait.

Pourquoi est-ce qu'il ne travaille pas? — **Parce qu'il** est fatigué.

Nous avons préparé la fête avec beaucoup de soins, **pour que** nos invités soient tous contents.

Si j'ai le temps, je passerai te voir.

Bien qu'il fasse très froid, il travaille dans le jardin.

L'approbation

Mais oui!
C'est vrai.
Je suis d'accord.
Je suis pour.
Vous avez raison.

L'objection

Mais non!
Ce n'est pas vrai.
Je ne suis pas d'accord.
Je suis contre.
Vous avez tort.

L'UNION EUROPÉENNE

L'Union européenne (UE) est une famille de pays démocratiques européens décidés à œuvrer ensemble à la paix et à la prospérité. Historiquement, l'Union européenne plonge ses racines dans la Seconde Guerre mondiale. Les Européens voulaient se mettre à jamais à l'abri d'une telle folie meurtrière et destructrice. Durant les premières années, la coopération existait entre six pays (l'Allemagne, la Belgique, la France, l'Italie, le Luxembourg et les Pays-Bas) et portait essentiellement sur le commerce et l'économie. Aujourd'hui, l'Union européenne est composée de 25 pays et elle a une population de 450 millions d'habitants.

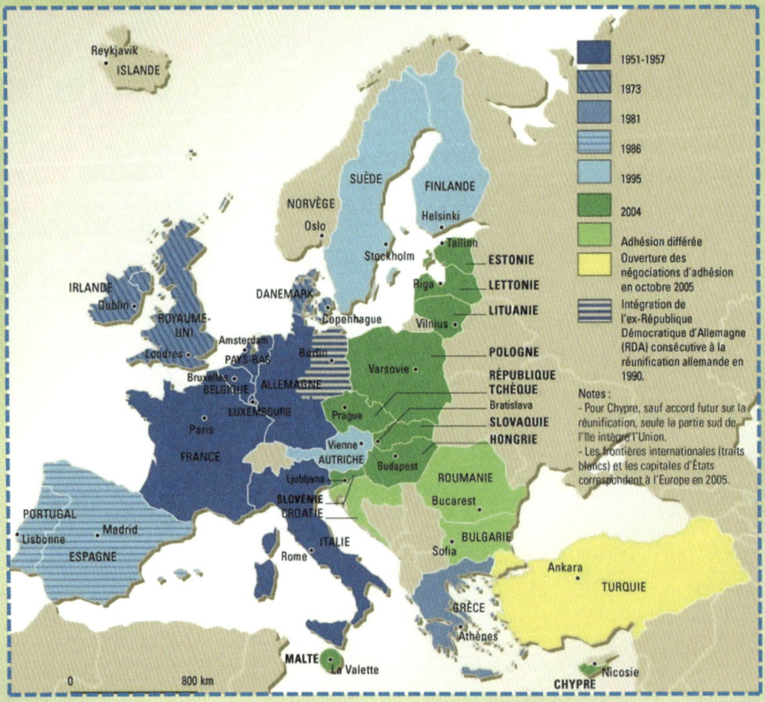

Pour remplir sa mission d'assurer la stabilité, la paix et la sécurité, de contribuer à l'élévation du niveau de vie, et de renforcer la voix de l'Europe dans le monde, l'Union européenne a créé un marché unique à l'échelle de l'Europe et lancé la monnaie unique européenne, l'euro.

L'Union européenne est dotée de sept institutions, qui jouent chacune un rôle spécifique : le Parlement européen ; le Conseil de l'Union européenne ; la Commission européenne ; la Cour de justice ; la Cour des comptes ; le médiateur européen ; le contrôleur européen de la protection des données. À côté de ces sept institutions, on trouve six autres organes importants : la Banque centrale européenne ; la Banque européenne d'investissement ; le Comité économique et social européen ; le Comité des régions ; l'Office des publications officielles des Communautés européennes ; l'Office de sélection du personnel des Communautés européennes. Enfin, plusieurs agences ou organismes complètent le système.

- Le drapeau européen :

- L'hymne européen :
  l'*Ode à la joie* de la 9e *symphonie* de Beethoven.
- La journée de l'Europe : le 9 mai.
- La monnaie unique européenne : l'euro (€).
- La devise : *in varietate concordia* (《*Unie dans la diversité*》).

Albert Camus s'explique à propos de《L'Étranger》

Le 18 juillet, à midi, sur la plage de Tipaza, un employé de bureau dénommé Meursault, demeurant rue Bab-Azoun à Alger, a tué de cinq balles de revolver un Arabe non encore identifié. Les motifs du crime restent inconnus. Arrêté, Meursault a été transféré à la prison d'Alger. Il a été reconnu coupable de meurtre avec préméditation et condamné à mort.

《... J'ai résumé *L'Étranger*, il y a longtemps, par une phrase dont je reconnais qu'elle est très paradoxale : *Dans notre société tout homme qui ne pleure pas à l'enterrement de sa mère risque d'être condamné à mort.* Je voulais dire seulement que le héros du livre est condamné parce qu'il ne joue pas le jeu. En ce sens, il est étranger à la société où il vit, il erre, en marge, dans les faubourgs de la vie privée, solitaire, sensuelle. Et c'est pourquoi des lecteurs ont été tenté de le considérer comme une épave. Meursault ne joue pas le jeu. La réponse est simple : il refuse de mentir.》《... On ne se tromperait donc pas beaucoup en lisant dans *L'Étranger* l'histoire d'un homme qui, sans aucune attitude héroïque, accepte de mourir pour la vérité. Meursault pour moi n'est donc pas une épave, mais un homme pauvre et nu, amoureux du soleil qui ne laisse pas d'ombres. Loin qu'il soit privé de toute sensibilité, une passion profonde, parce que tenace l'anime, la passion de l'absolu et de la vérité. Il m'est arrivé de dire aussi, et toujours paradoxalement, que j'avais essayé de figurer dans mon personnage le seul christ que nous méritions. On comprendra, après mes explications, que je l'aie dit sans aucune intention de blasphème et seulement avec l'affection un peu ironique qu'un artiste a le droit d'éprouver à l'égard des personnages de sa création.》

A. Camus. 1955. *Édition de la Pléiade*

APPENDICE

1. La prononciation

2. Les signes orthographiques

3. La liaison

4. Les signes de ponctuation

5. Les tableaux de conjugaison

LA PRONONCIATION

1. Les voyelles

son	graphie	exemples
[i]	i, î, y	s**i**, **î**le, l**y**cée
[e]	e, é	ch**e**z, **e**t, b**é**b**é**, **été**
[ɛ]	e, è, ê, ai, ei	m**er**, m**è**re, **ê**tre, m**ai**, r**ei**ne
[a]	a, à	l**a**, p**a**tte, déj**à**, voil**à**
[ɑ]	a, â	p**a**s, b**a**s, p**â**te, **â**ge
[y]	u, û	d**u**, s**u**r, d**û**, fl**û**te
[ø]	eu, œu	f**eu**, j**eu**, n**œu**d, v**œu**
[œ]	eu, œu	m**eu**ble, s**eu**l, c**œu**r, **œu**f
[ə]	e	l**e**, d**e**
[u]	ou, où, oû	f**ou**, **où**, g**oû**t
[o]	o, ô, au, eau	m**o**t, h**ô**tel, p**au**se, **eau**
[ɔ]	o	p**o**mme, p**o**rt
[ɛ̃]	im, in, aim, ain, ein	**im**possible, f**in**, f**aim**, p**ain**, pl**ein**
[ɑ̃]	am, an, em, en	ch**am**bre, **an**, t**em**ps, **en**
[ɔ̃]	om, on	n**om**, b**on**
[œ̃]	um, un	parf**um**, **un**

2. Les semi-voyelles (semi-consonnes)

son	graphie	exemples
[j]	i, il, ill	p**i**ed, sole**il**, fi**ll**e
[ɥ]	u	l**u**i, p**u**is
[w]	ou, oi	**ou**i, j**ou**er, t**oi**, l**oi**n

3. Les consonnes

son	graphie	exemples
[p]	p	**p**as, a**pp**eler, ra**p**
[b]	b	**b**on, ro**b**e
[t]	t, th	**t**oi, é**t**é, sep**t**, **th**é
[d]	d	**d**oigt, ai**d**er, su**d**
[k]	c, ch, k, qu	**c**arte, **ch**œur, **k**a**k**i, **qu**i
[g]	g, gu	**g**oût, **gu**ide, ba**gue**
[f]	f, ph	**f**in, neu**f**, **ph**iloso**ph**e
[v]	v, w	**v**ous, **w**agon
[s]	s, ss, sc, c, ç, t, x	**s**on, poi**ss**on, **sc**ience, **c**e**c**i, gar**ç**on, na**t**ion, si**x**
[z]	s, z, x	poi**s**on, ga**z**, si**x**ième
[ʃ]	ch	**ch**eval, **ch**ez
[ʒ]	j, g	**j**eu, pa**g**e
[l]	l	**l**a, ma**l**
[R]	r	**r**ue, ca**r**
[m]	m	**m**a, fe**mm**e
[n]	n	**n**on, bo**nn**e
[ɲ]	gn	campa**gn**e, monta**gn**e

LES SIGNES ORTHOGRAPHIQUES

accent aigu (´)	: bébé, été
accent grave (`)	: père, là, où
accent circonflexe (ˆ)	: pâle, fête, île, côte, flûte
tréma (¨)	: haïr, Noël
cédille (¸)	: français, garçon
apostrophe (')	: l'avion, l'ordre
trait d'union (-)	: grand-père, levez-vous

LA LIAISON

La liaison obligatoire

- article + nom [adjectif] : des‿enfants, les‿aimables filles
- adjectif + nom : un grand‿homme
- pronom + verbe : ils‿ont, nous‿habitons
- après une préposition : sous‿enveloppe, chez‿elle
- verbe + pronom *y* ou *en* : allons‿y, prenez‿en

L'absence de liaison

- sujet de nom + verbe : ces enfants / ont
- nom au singulier + adjectif : l'enfant / adorable
- après *et* : un café et / une glace
- avant un h aspiré : ces / hautes montagnes

LES SIGNES DE PONCTUATION

.	point	!	point d'exclamation
,	virgule	...	points de suspension
;	point (et) virgule	—	tiret
:	deux points	( )	parenthèses
?	point d'interrogation	« »	guillemets

LES TABLEAUX DE CONJUGAISON

1. AVOIR

INDICATIF					
PRÉSENT		IMPARFAIT		FUTUR SIMPLE	
j'	ai	j'	avais	j'	aurai
tu	as	tu	avais	tu	auras
il	a	il	avait	il	aura
nous	avons	nous	avions	nous	aurons
vous	avez	vous	aviez	vous	aurez
ils	ont	ils	avaient	ils	auront

CONDITIONNEL		SUBJONCTIF		PARTICIPE
PRÉSENT		PRÉSENT		PASSÉ
j'	aurais	j'	aie	eu
tu	aurais	tu	aies	
il	aurait	il	ait	PRÉSENT
nous	aurions	nous	ayons	ayant
vous	auriez	vous	ayez	
ils	auraient	ils	aient	

2. ÊTRE

INDICATIF					
PRÉSENT		IMPARFAIT		FUTUR SIMPLE	
je	suis	j'	étais	je	serai
tu	es	tu	étais	tu	seras
il	est	il	était	il	sera
nous	sommes	nous	étions	nous	serons
vous	êtes	vous	étiez	vous	serez
ils	sont	ils	étaient	ils	seront

CONDITIONNEL		SUBJONCTIF		PARTICIPE
PRÉSENT		PRÉSENT		PASSÉ
je	serais	je	sois	été
tu	serais	tu	sois	
il	serait	il	soit	PRÉSENT
nous	serions	nous	soyons	étant
vous	seriez	vous	soyez	
ils	seraient	ils	soient	

3. AIMER

INDICATIF		
PRÉSENT	IMPARFAIT	FUTUR SIMPLE
j' aime	j' aimais	j' aimerai
tu aimes	tu aimais	tu aimeras
il aime	il aimait	il aimera
nous aimons	nous aimions	nous aimerons
vous aimez	vous aimiez	vous aimerez
ils aiment	ils aimaient	ils aimeront

CONDITIONNEL PRÉSENT	SUBJONCTIF PRÉSENT	PARTICIPE
j' aimerais	j' aime	PASSÉ
tu aimerais	tu aimes	aimé
il aimerait	il aime	
nous aimerions	nous aimions	PRÉSENT
vous aimeriez	vous aimiez	
ils aimeraient	ils aiment	aimant

4. COMMENCER annoncer, avancer, effacer, forcer, menacer, placer, renoncer

INDICATIF		
PRÉSENT	IMPARFAIT	FUTUR SIMPLE
je commence	je commençais	je commencerai
tu commences	tu commençais	tu commenceras
il commence	il commençait	il commencera
nous commençons	nous commencions	nous commencerons
vous commencez	vous commenciez	vous commencerez
ils commencent	ils commençaient	ils commenceront

CONDITIONNEL PRÉSENT	SUBJONCTIF PRÉSENT	PARTICIPE
je commencerais	je commence	PASSÉ
tu commencerais	tu commences	commencé
il commencerait	il commence	
nous commencerions	nous commencions	PRÉSENT
vous commenceriez	vous commenciez	
ils commenceraient	ils commencent	commençant

5. MANGER changer, nager, obliger, partager, voyager

INDICATIF		
PRÉSENT	IMPARFAIT	FUTUR SIMPLE
je mange	je mangeais	je mangerai
tu manges	tu mangeais	tu mangeras
il mange	il mangeait	il mangera
nous mangeons	nous mangions	nous mangerons
vous mangez	vous mangiez	vous mangerez
ils mangent	ils mangeaient	ils mangeront

CONDITIONNEL PRÉSENT	SUBJONCTIF PRÉSENT	PARTICIPE
je mangerais	je mange	PASSÉ
tu mangerais	tu manges	mangé
il mangerait	il mange	
nous mangerions	nous mangions	PRÉSENT
vous mangeriez	vous mangiez	
ils mangeraient	ils mangent	mangeant

6. ACHETER achever, lever, mener, promener, soulever

INDICATIF		
PRÉSENT	IMPARFAIT	FUTUR SIMPLE
j' achète	j' achetais	j' achèterai
tu achètes	tu achetais	tu achèteras
il achète	il achetait	il achètera
nous achetons	nous achetions	nous achèterons
vous achetez	vous achetiez	vous achèterez
ils achètent	ils achetaient	ils achèteront

CONDITIONNEL PRÉSENT	SUBJONCTIF PRÉSENT	PARTICIPE
j' achèterais	j' achète	PASSÉ
tu achèterais	tu achètes	acheté
il achèterait	il achète	
nous achèterions	nous achetions	PRÉSENT
vous achèteriez	vous achetiez	
ils achèteraient	ils achètent	achetant

7. PRÉFÉRER céder, considérer, espérer, pénétrer, posséder, répéter

INDICATIF		
PRÉSENT	IMPARFAIT	FUTUR SIMPLE
je préfère	je préférais	je préférerai
tu préfères	tu préférais	tu préféreras
il préfère	il préférait	il préférera
nous préférons	nous préférions	nous préférerons
vous préférez	vous préfériez	vous préférerez
ils préfèrent	ils préféraient	ils préféreront

CONDITIONNEL PRÉSENT	SUBJONCTIF PRÉSENT	PARTICIPE
je préférerais	je préfère	PASSÉ
tu préférerais	tu préfères	préféré
il préférerait	il préfère	
nous préférerions	nous préférions	PRÉSENT
vous préféreriez	vous préfériez	
ils préféreraient	ils préfèrent	préférant

8. APPELER jeter, rappeler

INDICATIF		
PRÉSENT	IMPARFAIT	FUTUR SIMPLE
j' appelle	j' appelais	j' appellerai
tu appelles	tu appelais	tu appelleras
il appelle	il appelait	il appellera
nous appelons	nous appelions	nous appellerons
vous appelez	vous appeliez	vous appellerez
ils appellent	ils appelaient	ils appelleront

CONDITIONNEL PRÉSENT	SUBJONCTIF PRÉSENT	PARTICIPE
j' appellerais	j' appelle	PASSÉ
tu appellerais	tu appelles	appelé
il appellerait	il appelle	
nous appellerions	nous appelions	PRÉSENT
vous appelleriez	vous appeliez	
ils appelleraient	ils appellent	appelant

9. ENVOYER

INDICATIF		
PRÉSENT	IMPARFAIT	FUTUR SIMPLE
j' envoie	j' envoyais	j' enverrai
tu envoies	tu envoyais	tu enverras
il envoie	il envoyait	il enverra
nous envoyons	nous envoyions	nous enverrons
vous envoyez	vous envoyiez	vous enverrez
ils envoient	ils envoyaient	ils enverront

CONDITIONNEL PRÉSENT	SUBJONCTIF PRÉSENT	PARTICIPE
j' enverrais	j' envoie	PASSÉ
tu enverrais	tu envoies	envoyé
il enverrait	il envoie	
nous enverrions	nous envoyions	PRÉSENT
vous enverriez	vous envoyiez	envoyant
ils enverraient	ils envoient	

10. PAYER effrayer, essayer

INDICATIF		
PRÉSENT	IMPARFAIT	FUTUR SIMPLE
je pai[y]e	je payais	je pai[y]erai
tu pai[y]es	tu payais	tu pai[y]eras
il pai[y]e	il payait	il pai[y]era
nous payons	nous payions	nous pai[y]erons
vous payez	vous payiez	vous pai[y]erez
ils pai[y]ent	ils payaient	ils pai[y]eront

CONDITIONNEL PRÉSENT	SUBJONCTIF PRÉSENT	PARTICIPE
je pai[y]erais	je pai[y]e	PASSÉ
tu pai[y]erais	tu pai[y]es	payé
il pai[y]erait	il pai[y]e	
nous pai[y]erions	nous payions	PRÉSENT
vous pai[y]eriez	vous payiez	payant
ils pai[y]eraient	ils pai[y]ent	

11. EMPLOYER appuyer, netttoyer

INDICATIF		
PRÉSENT	IMPARFAIT	FUTUR SIMPLE
j' emploie	j' employais	j' emploierai
tu emploies	tu employais	tu emploieras
il emploie	il employait	il emploiera
nous employons	nous employions	nous emploierons
vous employez	vous employiez	vous emploierez
ils emploient	ils employaient	ils emploieront

CONDITIONNEL PRÉSENT	SUBJONCTIF PRÉSENT	PARTICIPE
j' emploierais	j' emploie	PASSÉ
tu emploierais	tu emploies	employé
il emploierait	il emploie	
nous emploierions	nous employions	PRÉSENT
vous emploieriez	vous employiez	employant
ils emploieraient	ils emploient	

12. FINIR tous les verbes du deuxième groupe

INDICATIF		
PRÉSENT	IMPARFAIT	FUTUR SIMPLE
je finis	je finissais	je finirai
tu finis	tu finissais	tu finiras
il finit	il finissait	il finira
nous finissons	nous finissions	nous finirons
vous finissez	vous finissiez	vous finirez
ils finissent	ils finissaient	ils finiront

CONDITIONNEL PRÉSENT	SUBJONCTIF PRÉSENT	PARTICIPE
je finirais	je finisse	PASSÉ
tu finirais	tu finisses	fini
il finirait	il finisse	
nous finirions	nous finissions	PRÉSENT
vous finiriez	vous finissiez	finissant
ils finiraient	ils finissent	

13. OUVRIR couvrir, découvrir, offrir, souffrir

INDICATIF		
PRÉSENT	IMPARFAIT	FUTUR SIMPLE
j' ouvre	j' ouvrais	j' ouvrirai
tu ouvres	tu ouvrais	tu ouvriras
il ouvre	il ouvrait	il ouvrira
nous ouvrons	nous ouvrions	nous ouvrirons
vous ouvrez	vous ouvriez	vous ouvrirez
ils ouvrent	ils ouvraient	ils ouvriront

CONDITIONNEL PRÉSENT	SUBJONCTIF PRÉSENT	PARTICIPE
j' ouvrirais	j' ouvre	PASSÉ
tu ouvrirais	tu ouvres	ouvert
il ouvrirait	il ouvre	
nous ouvririons	nous ouvrions	PRÉSENT
vous ouvririez	vous ouvriez	ouvrant
ils ouvriraient	ils ouvrent	

14. COURIR accourir, parcourir

INDICATIF		
PRÉSENT	IMPARFAIT	FUTUR SIMPLE
je cours	je courais	je courrai
tu cours	tu courais	tu courras
il court	il courait	il courra
nous courons	nous courions	nous courrons
vous courez	vous couriez	vous courrez
ils courent	ils couraient	ils courront

CONDITIONNEL PRÉSENT	SUBJONCTIF PRÉSENT	PARTICIPE
je courrais	je coure	PASSÉ
tu courrais	tu coures	couru
il courrait	il coure	
nous courrions	nous courions	PRÉSENT
vous courriez	vous couriez	courant
ils courraient	ils courent	

15. PARTIR dormir, mentir, sentir, servir, sortir

INDICATIF		
PRÉSENT	IMPARFAIT	FUTUR SIMPLE
je pars	je partais	je partirai
tu pars	tu partais	tu partiras
il part	il partait	il partira
nous partons	nous partions	nous partirons
vous partez	vous partiez	vous partirez
ils partent	ils partaient	ils partiront

CONDITIONNEL PRÉSENT	SUBJONCTIF PRÉSENT	PARTICIPE
je partirais	je parte	PASSÉ
tu partirais	tu partes	parti
il partirait	il parte	
nous partirions	nous partions	PRÉSENT
vous partiriez	vous partiez	partant
ils partiraient	ils partent	

16. TENIR appartenir, devenir, obtenir, prévenir, revenir, se souvenir, venir

INDICATIF		
PRÉSENT	IMPARFAIT	FUTUR SIMPLE
je tiens	je tenais	je tiendrai
tu tiens	tu tenais	tu tiendras
il tient	il tenait	il tiendra
nous tenons	nous tenions	nous tiendrons
vous tenez	vous teniez	vous tiendrez
ils tiennent	ils tenaient	ils tiendront

CONDITIONNEL PRÉSENT	SUBJONCTIF PRÉSENT	PARTICIPE
je tiendrais	je tienne	PASSÉ
tu tiendrais	tu tiennes	tenu
il tiendrait	il tienne	
nous tiendrions	nous tenions	PRÉSENT
vous tiendriez	vous teniez	tenant
ils tiendraient	ils tiennent	

17. MOURIR

INDICATIF		
PRÉSENT	IMPARFAIT	FUTUR SIMPLE
je meurs	je mourais	je mourrai
tu meurs	tu mourais	tu mourras
il meurt	il mourait	il mourra
nous mourons	nous mourions	nous mourrons
vous mourez	vous mouriez	vous mourrez
ils meurent	ils mouraient	ils mourront

CONDITIONNEL PRÉSENT	SUBJONCTIF PRÉSENT	PARTICIPE
je mourrais	je meure	PASSÉ
tu mourrais	tu meures	mort
il mourrait	il meure	
nous mourrions	nous mourions	PRÉSENT
vous mourriez	vous mouriez	mourant
ils mourraient	ils meurent	

18. S'ASSEOIR

INDICATIF		
PRÉSENT	IMPARFAIT	FUTUR SIMPLE
je m'assieds	je m'asseyais	je m'assiérai
tu t'assieds	tu t'asseyais	tu t'assiéras
il s'assied	il s'asseyait	il s'assiéra
nous nous asseyons	nous nous asseyions	nous nous assiérons
vous vous asseyez	vous vous asseyiez	vous vous assiérez
ils s'asseyent	ils s'asseyaient	ils s'assiéront

CONDITIONNEL PRÉSENT	SUBJONCTIF PRÉSENT	PARTICIPE
je m'assiérais	je m'asseye	PASSÉ
tu t'assiérais	tu t'asseyes	assis
il s'assiérait	il s'asseye	
nous nous assiérions	nous nous asseyions	PRÉSENT
vous vous assiériez	vous vous asseyiez	asseyant
ils s'assiéraient	ils s'asseyent	

19. SAVOIR

INDICATIF		
PRÉSENT	IMPARFAIT	FUTUR SIMPLE
je sais	je savais	je saurai
tu sais	tu savais	tu sauras
il sait	il savait	il saura
nous savons	nous savions	nous saurons
vous savez	vous saviez	vous saurez
ils savent	ils savaient	ils sauront

CONDITIONNEL PRÉSENT	SUBJONCTIF PRÉSENT	PARTICIPE
je saurais	je sache	PASSÉ
tu saurais	tu saches	su
il saurait	il sache	
nous saurions	nous sachions	PRÉSENT
vous sauriez	vous sachiez	sachant
ils sauraient	ils sachent	

20. VOIR

INDICATIF		
PRÉSENT	IMPARFAIT	FUTUR SIMPLE
je vois	je voyais	je verrai
tu vois	tu voyais	tu verras
il voit	il voyait	il verra
nous voyons	nous voyions	nous verrons
vous voyez	vous voyiez	vous verrez
ils voient	ils voyaient	ils verront

CONDITIONNEL PRÉSENT	SUBJONCTIF PRÉSENT	PARTICIPE
je verrais	je voie	PASSÉ
tu verrais	tu voies	vu
il verrait	il voie	
nous verrions	nous voyions	PRÉSENT
vous verriez	vous voyiez	voyant
ils verraient	ils voient	

21. DEVOIR

INDICATIF					
PRÉSENT		IMPARFAIT		FUTUR SIMPLE	
je	dois	je	devais	je	devrai
tu	dois	tu	devais	tu	devras
il	doit	il	devait	il	devra
nous	devons	nous	devions	nous	devrons
vous	devez	vous	deviez	vous	devrez
ils	doivent	ils	devaient	ils	devront

CONDITIONNEL PRÉSENT		SUBJONCTIF PRÉSENT		PARTICIPE
je	devrais	je	doive	PASSÉ
tu	devrais	tu	doives	dû, due
il	devrait	il	doive	PRÉSENT
nous	devrions	nous	devions	devant
vous	devriez	vous	deviez	
ils	devraient	ils	doivent	

22. RECEVOIR

INDICATIF					
PRÉSENT		IMPARFAIT		FUTUR SIMPLE	
je	reçois	je	recevais	je	recevrai
tu	reçois	tu	recevais	tu	recevras
il	reçoit	il	recevait	il	recevra
nous	recevons	nous	recevions	nous	recevrons
vous	recevez	vous	receviez	vous	recevrez
ils	reçoivent	ils	recevaient	ils	recevront

CONDITIONNEL PRÉSENT		SUBJONCTIF PRÉSENT		PARTICIPE
je	recevrais	je	reçoive	PASSÉ
tu	recevrais	tu	reçoives	reçu
il	recevrait	il	reçoive	PRÉSENT
nous	recevrions	nous	recevions	recevant
vous	recevriez	vous	receviez	
ils	recevraient	ils	reçoivent	

23. POUVOIR

INDICATIF					
PRÉSENT		IMPARFAIT		FUTUR SIMPLE	
je	peux	je	pouvais	je	pourrai
tu	peux	tu	pouvais	tu	pourras
il	peut	il	pouvait	il	pourra
nous	pouvons	nous	pouvions	nous	pourrons
vous	pouvez	vous	pouviez	vous	pourrez
ils	peuvent	ils	pouvaient	ils	pourront

CONDITIONNEL PRÉSENT		SUBJONCTIF PRÉSENT		PARTICIPE
je	pourrais	je	puisse	PASSÉ
tu	pourrais	tu	puisses	pu
il	pourrait	il	puisse	PRÉSENT
nous	pourrions	nous	puissions	pouvant
vous	pourriez	vous	puissiez	
ils	pourraient	ils	puissent	

24. VOULOIR

INDICATIF					
PRÉSENT		IMPARFAIT		FUTUR SIMPLE	
je	veux	je	voulais	je	voudrai
tu	veux	tu	voulais	tu	voudras
il	veut	il	voulait	il	voudra
nous	voulons	nous	voulions	nous	voudrons
vous	voulez	vous	vouliez	vous	voudrez
ils	veulent	ils	voulaient	ils	voudront

CONDITIONNEL PRÉSENT		SUBJONCTIF PRÉSENT		PARTICIPE
je	voudrais	je	veuille	PASSÉ
tu	voudrais	tu	veuilles	voulu
il	voudrait	il	veuille	PRÉSENT
nous	voudrions	nous	voulions	voulant
vous	voudriez	vous	vouliez	
ils	voudraient	ils	veuillent	

25. VALOIR prévaloir

INDICATIF					
PRÉSENT		IMPARFAIT		FUTUR SIMPLE	
je	vaux	je	valais	je	vaudrai
tu	vaux	tu	valais	tu	vaudras
il	vaut	il	valait	il	vaudra
nous	valons	nous	valions	nous	vaudrons
vous	valez	vous	valiez	vous	vaudrez
ils	valent	ils	valaient	ils	vaudront

CONDITIONNEL PRÉSENT		SUBJONCTIF PRÉSENT		PARTICIPE
je	vaudrais	je	vaille	PASSÉ
tu	vaudrais	tu	vailles	valu
il	vaudrait	il	vaille	PRÉSENT
nous	vaudrions	nous	valions	valant
vous	vaudriez	vous	valiez	
ils	vaudraient	ils	vaillent	

26. FALLOIR

INDICATIF					
PRÉSENT		IMPARFAIT		FUTUR SIMPLE	
il	faut	il	fallait	il	faudra

CONDITIONNEL PRÉSENT		SUBJONCTIF PRÉSENT		PARTICIPE
				PASSÉ
				fallu
il	faudrait	il	faille	PRÉSENT
				—

27. PLEUVOIR

INDICATIF		
PRÉSENT	IMPARFAIT	FUTUR SIMPLE
il pleut	il pleuvait	il pleuvra

CONDITIONNEL PRÉSENT	SUBJONCTIF PRÉSENT	PARTICIPE
il pleuvrait	il pleuve	PASSÉ: plu PRÉSENT: pleuvant

28. PRENDRE apprendre, comprendre, reprendre

INDICATIF		
PRÉSENT	IMPARFAIT	FUTUR SIMPLE
je prends	je prenais	je prendrai
tu prends	tu prenais	tu prendras
il prend	il prenait	il prendra
nous prenons	nous prenions	nous prendrons
vous prenez	vous preniez	vous prendrez
ils prennent	ils prenaient	ils prendront

CONDITIONNEL PRÉSENT	SUBJONCTIF PRÉSENT	PARTICIPE
je prendrais	je prenne	PASSÉ
tu prendrais	tu prennes	pris
il prendrait	il prenne	
nous prendrions	nous prenions	PRÉSENT
vous prendriez	vous preniez	prenant
ils prendraient	ils prennent	

29. RENDRE attendre, descendre, entendre, perdre, répondre, vendre

INDICATIF		
PRÉSENT	IMPARFAIT	FUTUR SIMPLE
je rends	je rendais	je rendrai
tu rends	tu rendais	tu rendras
il rend	il rendait	il rendra
nous rendons	nous rendions	nous rendrons
vous rendez	vous rendiez	vous rendrez
ils rendent	ils rendaient	ils rendront

CONDITIONNEL PRÉSENT	SUBJONCTIF PRÉSENT	PARTICIPE
je rendrais	je rende	PASSÉ
tu rendrais	tu rendes	rendu
il rendrait	il rende	
nous rendrions	nous rendions	PRÉSENT
vous rendriez	vous rendiez	rendant
ils rendraient	ils rendent	

30. CRAINDRE atteindre, éteindre, joindre, peindre, plaindre

INDICATIF		
PRÉSENT	IMPARFAIT	FUTUR SIMPLE
je crains	je craignais	je craindrai
tu crains	tu craignais	tu craindras
il craint	il craignait	il craindra
nous craignons	nous craignions	nous craindrons
vous craignez	vous craigniez	vous craindrez
ils craignent	ils craignaient	ils craindront

CONDITIONNEL PRÉSENT	SUBJONCTIF PRÉSENT	PARTICIPE
je craindrais	je craigne	PASSÉ
tu craindrais	tu craignes	craint
il craindrait	il craigne	
nous craindrions	nous craignions	PRÉSENT
vous craindriez	vous craigniez	craignant
ils craindraient	ils craignent	

31. FAIRE

INDICATIF		
PRÉSENT	IMPARFAIT	FUTUR SIMPLE
je fais	je faisais	je ferai
tu fais	tu faisais	tu feras
il fait	il faisait	il fera
nous faisons	nous faisions	nous ferons
vous faites	vous faisiez	vous ferez
ils font	ils faisaient	ils feront

CONDITIONNEL PRÉSENT	SUBJONCTIF PRÉSENT	PARTICIPE
je ferais	je fasse	PASSÉ
tu ferais	tu fasses	fait
il ferait	il fasse	
nous ferions	nous fassions	PRÉSENT
vous feriez	vous fassiez	faisant
ils feraient	ils fassent	

32. SUIVRE

INDICATIF		
PRÉSENT	IMPARFAIT	FUTUR SIMPLE
je suis	je suivais	je suivrai
tu suis	tu suivais	tu suivras
il suit	il suivait	il suivra
nous suivons	nous suivions	nous suivrons
vous suivez	vous suiviez	vous suivrez
ils suivent	ils suivaient	ils suivront

CONDITIONNEL PRÉSENT	SUBJONCTIF PRÉSENT	PARTICIPE
je suivrais	je suive	PASSÉ
tu suivrais	tu suives	suivi
il suivrait	il suive	
nous suivrions	nous suivions	PRÉSENT
vous suivriez	vous suiviez	suivant
ils suivraient	ils suivent	

33. VIVRE

INDICATIF

	Présent	Imparfait	Futur simple
je	vis	vivais	vivrai
tu	vis	vivais	vivras
il	vit	vivait	vivra
nous	vivons	vivions	vivrons
vous	vivez	viviez	vivrez
ils	vivent	vivaient	vivront

	Conditionnel présent	Subjonctif présent	Participe
je	vivrais	vive	**Passé**
tu	vivrais	vives	vécu
il	vivrait	vive	
nous	vivrions	vivions	**Présent**
vous	vivriez	viviez	vivant
ils	vivraient	vivent	

34. DIRE

INDICATIF

	Présent	Imparfait	Futur simple
je	dis	disais	dirai
tu	dis	disais	diras
il	dit	disait	dira
nous	disons	disions	dirons
vous	dites	disiez	direz
ils	disent	disaient	diront

	Conditionnel présent	Subjonctif présent	Participe
je	dirais	dise	**Passé**
tu	dirais	dises	dit
il	dirait	dise	
nous	dirions	disions	**Présent**
vous	diriez	disiez	disant
ils	diraient	disent	

35. LIRE

INDICATIF

	Présent	Imparfait	Futur simple
je	lis	lisais	lirai
tu	lis	lisais	liras
il	lit	lisait	lira
nous	lisons	lisions	lirons
vous	lisez	lisiez	lirez
ils	lisent	lisaient	liront

	Conditionnel présent	Subjonctif présent	Participe
je	lirais	lise	**Passé**
tu	lirais	lises	lu
il	lirait	lise	
nous	lirions	lisions	**Présent**
vous	liriez	lisiez	lisant
ils	liraient	lisent	

36. CONDUIRE construire, détruire, instruire, introduire, produire, traduire

INDICATIF

	Présent	Imparfait	Futur simple
je	conduis	conduisais	conduirai
tu	conduis	conduisais	conduiras
il	conduit	conduisait	conduira
nous	conduisons	conduisions	conduirons
vous	conduisez	conduisiez	conduirez
ils	conduisent	conduisaient	conduiront

	Conditionnel présent	Subjonctif présent	Participe
je	conduirais	conduise	**Passé**
tu	conduirais	conduises	conduit
il	conduirait	conduise	
nous	conduirions	conduisions	**Présent**
vous	conduiriez	conduisiez	conduisant
ils	conduiraient	conduisent	

37. PLAIRE complaire, déplaire, se taire

INDICATIF

	Présent	Imparfait	Futur simple
je	plais	plaisais	plairai
tu	plais	plaisais	plairas
il	plaît	plaisait	plaira
nous	plaisons	plaisions	plairons
vous	plaisez	plaisiez	plairez
ils	plaisent	plaisaient	plairont

	Conditionnel présent	Subjonctif présent	Participe
je	plairais	plaise	**Passé**
tu	plairais	plaises	plu
il	plairait	plaise	
nous	plairions	plaisions	**Présent**
vous	plairiez	plaisiez	plaisant
ils	plairaient	plaisent	

38. BOIRE

INDICATIF

	Présent	Imparfait	Futur simple
je	bois	buvais	boirai
tu	bois	buvais	boiras
il	boit	buvait	boira
nous	buvons	buvions	boirons
vous	buvez	buviez	boirez
ils	boivent	buvaient	boiront

	Conditionnel présent	Subjonctif présent	Participe
je	boirais	boive	**Passé**
tu	boirais	boives	bu
il	boirait	boive	
nous	boirions	buvions	**Présent**
vous	boiriez	buviez	buvant
ils	boiraient	boivent	

39. ÉCRIRE décrire, inscrire

INDICATIF		
PRÉSENT	IMPARFAIT	FUTUR SIMPLE
j' écris	j' écrivais	j' écrirai
tu écris	tu écrivais	tu écriras
il écrit	il écrivait	il écrira
nous écrivons	nous écrivions	nous écrirons
vous écrivez	vous écriviez	vous écrirez
ils écrivent	ils écrivaient	ils écriront

CONDITIONNEL PRÉSENT	SUBJONCTIF PRÉSENT	PARTICIPE
j' écrirais	j' écrive	PASSÉ
tu écrirais	tu écrives	écrit
il écrirait	il écrive	PRÉSENT
nous écririons	nous écrivions	écrivant
vous écririez	vous écriviez	
ils écriraient	ils écrivent	

40. CONNAÎTRE apparaître, disparaître, paraître, reconnaître

INDICATIF		
PRÉSENT	IMPARFAIT	FUTUR SIMPLE
je connais	je connaissais	je connaîtrai
tu connais	tu connaissais	tu connaîtras
il connaît	il connaissait	il connaîtra
nous connaissons	nous connaissions	nous connaîtrons
vous connaissez	vous connaissiez	vous connaîtrez
ils connaissent	ils connaissaient	ils connaîtront

CONDITIONNEL PRÉSENT	SUBJONCTIF PRÉSENT	PARTICIPE
je connaîtrais	je connaisse	PASSÉ
tu connaîtrais	tu connaisses	connu
il connaîtrait	il connaisse	PRÉSENT
nous connaîtrions	nous connaissions	connaissant
vous connaîtriez	vous connaissiez	
ils connaîtraient	ils connaissent	

41. NAÎTRE

INDICATIF		
PRÉSENT	IMPARFAIT	FUTUR SIMPLE
je nais	je naissais	je naîtrai
tu nais	tu naissais	tu naîtras
il naît	il naissait	il naîtra
nous naissons	nous naissions	nous naîtrons
vous naissez	vous naissiez	vous naîtrez
ils naissent	ils naissaient	ils naîtront

CONDITIONNEL PRÉSENT	SUBJONCTIF PRÉSENT	PARTICIPE
je naîtrais	je naisse	PASSÉ
tu naîtrais	tu naisses	né
il naîtrait	il naisse	PRÉSENT
nous naîtrions	nous naissions	naissant
vous naîtriez	vous naissiez	
ils naîtraient	ils naissent	

42. CROIRE

INDICATIF		
PRÉSENT	IMPARFAIT	FUTUR SIMPLE
je crois	je croyais	je croirai
tu crois	tu croyais	tu croiras
il croit	il croyait	il croira
nous croyons	nous croyions	nous croirons
vous croyez	vous croyiez	vous croirez
ils croient	ils croyaient	ils croiront

CONDITIONNEL PRÉSENT	SUBJONCTIF PRÉSENT	PARTICIPE
je croirais	je croie	PASSÉ
tu croirais	tu croies	cru
il croirait	il croie	PRÉSENT
nous croirions	nous croyions	croyant
vous croiriez	vous croyiez	
ils croiraient	ils croient	

43. BATTRE

INDICATIF		
PRÉSENT	IMPARFAIT	FUTUR SIMPLE
je bats	je battais	je battrai
tu bats	tu battais	tu battras
il bat	il battait	il battra
nous battons	nous battions	nous battrons
vous battez	vous battiez	vous battrez
ils battent	ils battaient	ils battront

CONDITIONNEL PRÉSENT	SUBJONCTIF PRÉSENT	PARTICIPE
je battrais	je batte	PASSÉ
tu battrais	tu battes	battu
il battrait	il batte	PRÉSENT
nous battrions	nous battions	battant
vous battriez	vous battiez	
ils battraient	ils battent	

44. METTRE admettre, commettre, permettre, promettre, remettre

INDICATIF		
PRÉSENT	IMPARFAIT	FUTUR SIMPLE
je mets	je mettais	je mettrai
tu mets	tu mettais	tu mettras
il met	il mettait	il mettra
nous mettons	nous mettions	nous mettrons
vous mettez	vous mettiez	vous mettrez
ils mettent	ils mettaient	ils mettront

CONDITIONNEL PRÉSENT	SUBJONCTIF PRÉSENT	PARTICIPE
je mettrais	je mette	PASSÉ
tu mettrais	tu mettes	mis
il mettrait	il mette	PRÉSENT
nous mettrions	nous mettions	mettant
vous mettriez	vous mettiez	
ils mettraient	ils mettent	

45. RIRE sourire

INDICATIF					
PRÉSENT		IMPARFAIT		FUTUR SIMPLE	
je	ris	je	riais	je	rirai
tu	ris	tu	riais	tu	riras
il	rit	il	riait	il	rira
nous	rions	nous	riions	nous	rirons
vous	riez	vous	riiez	vous	rirez
ils	rient	ils	riaient	ils	riront

CONDITIONNEL		SUBJONCTIF		PARTICIPE
PRÉSENT		PRÉSENT		PASSÉ
je	rirais	je	rie	ri
tu	rirais	tu	ries	PRÉSENT
il	rirait	il	rie	riant
nous	ririons	nous	riions	
vous	ririez	vous	riiez	
ils	riraient	ils	rient	

46. ALLER

INDICATIF					
PRÉSENT		IMPARFAIT		FUTUR SIMPLE	
je	vais	j'	allais	j'	irai
tu	vas	tu	allais	tu	iras
il	va	il	allait	il	ira
nous	allons	nous	allions	nous	irons
vous	allez	vous	alliez	vous	irez
ils	vont	ils	allaient	ils	iront

CONDITIONNEL		SUBJONCTIF		PARTICIPE
PRÉSENT		PRÉSENT		PASSÉ
j'	irais	j'	aille	allé
tu	irais	tu	ailles	PRÉSENT
il	irait	il	aille	allant
nous	irions	nous	allions	
vous	iriez	vous	alliez	
ils	iraient	ils	aillent	

LVTETIA, vulgari nomine Paris, urbs
Galliæ maxima, Sequanâ navigabili flu-
mine irrigatur, nobili gente, mercator, fre-
quētia universitate excellenti, stupendi
operis templo B. Mariæ, Palatio Regio, alijs
que præstantissimis ædificijs, tribunali
æquissimorum Judicum, & pulcherrimis
epitaphijs, florentissima
Les Tournelles
La Bastille
Porte S. Martin
Porte S. Denis

PARIS pour vray est la maiso royalle,
Du dieu Phœbus en splendeur radiale
Cest Cyrrhea pleine de bons espritz.
Tresuigoureux, faisans diuers escriptz,
Cest Chrysea en metaulx habondante
Grece de pris en liures florißante
Inde en estude, & en poetes Romme,
Athenes lors en mait tresscauat homme,
Rozier mondain, baulme du firmament,
Vnuersel, de Sidon lornement
Tres habondante en viures et breuuaiges,
Riche en beaulx champs & fluuieux riuages
Fecunde en vin, doulce en ses Citoyens
Fertile en bled, & en maintz daultres biens.
Cum Priuilegio
Riuiere de Seine